KÜCHE VENETIEN

100 einfache und köstliche Rezepte aus Nordostitalien

ILSA HORN

Urheberrechtliches Material ©2024

Alle Rechte vorbehalten

Kein Teil dieses Buches darf ohne die entsprechende schriftliche Zustimmung des Herausgebers und Urheberrechtsinhabers in irgendeiner Form oder auf irgendeine Weise verwendet oder übertragen werden, mit Ausnahme von kurzen Zitaten, die in einer Rezension verwendet werden. Dieses Buch sollte nicht als Ersatz für medizinische, rechtliche oder andere professionelle Beratung betrachtet werden.

INHALTSVERZEICHNIS

INHALTSVERZEICHNIS 3
EINFÜHRUNG 6
FRÜHSTÜCK 7
   1. Caffè Latte e Brioche (Kaffee und süßes Brot) 8
   2. Pandoro French Toast 10
   3. Frittelle Venete (venezianische Karnevalskrapfen) 12
   4. Frühstücks-Panini mit Speck und Fontina 14
CICCHETTI 16
   5. Baccalà Mantecato (gesalzener Kabeljau) 17
   6. Polpette di Sarde (Sardinenfleischbällchen) 19
   7. Radicchio und Taleggio Crostini 21
   8. Schinken- und Melonenspieße 23
   9. Arancini al Nero di Seppia (Tintenfisch-Risottobällchen) 25
   10. Gamberetti in Salsa Rosa (Garnelen in rosa Sauce) 27
   11. Funghi Trifolati (sautierte Pilze) 29
   12. Polenta con Salsiccia (Polenta mit Wurst) 31
   13. Party-Polenta-Crostini 33
   14. Gegrillte Polentaquadrate 36
HAUPTKURS 38
   15. Risi e Bisi (venezianischer Reis und Erbsen) 39
   16. Venezianischer Speck-Bohnen-Salat 41
   17. Venezianische Reis- und Erbsensuppe 43
   18. Geschmortes Kalbfleisch mit Kürbis 45
   19. Canederli al Formaggio (Käseknödel) 47
   20. Pizzoccheri della Valtellina 49
   21. Pasta e Fagioli Veneta (venezianische Nudel- und Bohnensuppe) 51
   22. Spezzatino di Manzo al Barolo (Rindereintopf mit Barolo-Wein) 53
   23. Trofie al Pesto Genovese (Trofie-Nudeln mit Genovese-Pesto) 55
   24. Stracotto di Manzo (Schmorbraten) 57
   25. Gebratener Red Snapper mit Kartoffeln und Oliven 59
RISOTTO 61
   26. Risotto al Tartufo Nero (Risotto mit schwarzen Trüffeln) ... 62
   27. Erbsen-Schinken-Risotto 64
   28. Schinken - Spargel -Risotto Primavera 67
   29. Risotto al Nero di Seppia (Tintenfisch-Risotto) 70
   30. Speck-Tomaten-Risotto 72
   31. Pancetta-Risotto mit Radicchio 74
   32. Kürbisrisotto 77
   33. Rinderfilet - Lauch -Risotto 79

34. Cheddar- und Frühlingszwiebelrisotto 82
35. Rote-Bete-Risotto 84
36. Zucchini-Risotto..86
37. Fenchelrisotto mit Pistazien 89
38. Kräuter-Süßkartoffelrisotto 91
39. Risotto mit Pilzen 93
40. Blaubeerrisotto mit Steinpilzen 95
41. Spargel-Pilz-Risotto..97
42. Dinkelrisotto mit Pilzen 99
43. Muschelrisotto..101
44. Krabbenkuchen und Frühlingszwiebelrisotto _ 104
45. Garnelen und süßes Cicely-Risotto..107
46. Pesto -Walnuss-Risotto..110
47. Acht-Kräuter-Risotto...112

PROSCIUTTO 114

48. Gebackene Prosciutto-Eierbecher 115
49. Prosciutto-Ei-Frühstücks-Wrap..117
50. Prosciutto-Käse-Omelett 119
51. Prosciutto und Tomaten-Frittata 121
52. Basilikum-Hähnchen 123
53. Wachtel auf Gemüse- und Schinkenstreifen 125
54. Schinken-Rucola-Pizza..127
55. Vier-Jahreszeiten-Pizza/Quattro Stagioni 129
56. Hühnchen und Prosciutto mit Rosenkohl..131
57. Fettuccine mit Prosciutto und Spargel...133
58. Fusilli mit Prosciutto und Erbsen 135
59. Fusilli mit Shiitake, Broccoli Rabe und Prosciuttosauce...................137
60. Pappardelle mit Prosciutto und Erbsen 140
61. Salami und Brie Crostini 142
62. Schinken und Mozarella-Bruschetta 144
63. Minzige Garnelenhäppchen 146
64. Birnen-, Rettich-Microgreen- und Prosciutto- Happen 148
65. Muffin-Schinkenbecher..150
66. Avocado-Schinkenbällchen 152

SÜSSIGKEITEN UND DESSERTS.. 154

67. Gubana (süß gefülltes Gebäck) 155
68. Apfel und Ricotta Crostata 157
69. Trentino-Apfelkuchen (Torta di Mele Trentina) 159
70. Venezianische frittierte Sahne 161
71. Panna Cotta mit Karamellsauce 163
72. Schokoladen-Panna Cotta 166
73. Karamelpudding _ 168
74. Italienische gebackene Pfirsiche 170

75. Tiramisu Pots de Creme 172
76. Tiramisu Cupcakes 175
77. Honig - Pudding _ 178
78. Gefrorener Honig-Semifreddo 180
79. Zabaglione 182
80. Affogato 184
81. Haferflocken-Zimt-Eis 186
82. Doppeltes Schokoladengelato 188
83. Kirsch-Erdbeer-Gelato 190
84. Butterige Croissant-Schichten mit Prosciutto 192
85. Balsamico-Pfirsich-Brie-Tarte 194
86. Zwiebel-Prosciutto-Tarte 196
87. Prosciutto-Oliven-Tomatenbrot 198
88. Prosciutto-Orangen-Popovers 200
89. Kandierter Prosciutto 202
90. Mozzarella-Prosciutto-Kartoffelkuchen 204
91. Grüne Erbsen-Panna Cotta mit Prosciutto 206
92. Limettengelato mit Chiasamen 209
93. Schokoladen-Kirsch-Eistorte 211
94. Schokoladenbombe 214
95. Ananas gebackene Alaska 217
96. In Schokolade getauchte Gelato-Pops 219
97. Cappuccino-Frappé 221
98. Pochierte Feigen in gewürztem Rotwein mit Gelato . 223
99. Pina-Colada-Baiser-Gelato-Kuchen 225
100. Erdbeer-Baiser-Gelato-Kuchen 227

ABSCHLUSS 230

EINFÜHRUNG

Begeben Sie sich auf eine kulinarische Reise ins Herz Nordostitaliens mit „Küche venetien", einer Sammlung von 100 einfachen und köstlichen Rezepten, die die reichen Aromen und Traditionen der Region Venetien hervorheben. Dieses Kochbuch lädt Sie ein, die gastronomischen Wunder von Venedig, Verona und den malerischen Landschaften, die diese Ecke Italiens prägen, zu erkunden. Feiern Sie mit uns die Einfachheit, Eleganz und den außergewöhnlichen Geschmack, die die venezianische Küche zu einem wahren Genuss machen.

Stellen Sie sich die romantischen Kanäle Venedigs, die sanften Hügel der Prosecco-Weinberge und die geschäftigen Märkte voller frischer Produkte und Meeresfrüchte vor. „Küche venetien" ist nicht nur ein Kochbuch; Es ist eine kulinarische Tour, die die Essenz der Region Venetien einfängt. Egal, ob Sie sich nach den herzhaften Gerichten der Berge, den Meeresfrüchteköstlichkeiten der Adriaküste oder den süßen Köstlichkeiten venezianischen Gebäcks sehnen, diese Rezepte werden Sie in das Herz Nordostitaliens entführen.

Von köstlichen Risottos über delikate Pasta mit Meeresfrüchten und von herzhafter Polenta bis hin zu dekadentem Tiramisu – jedes Rezept ist eine Hommage an die vielfältigen und köstlichen Aromen, die in Venetien gedeihen. Egal, ob Sie ein erfahrener Koch sind, der die Geschmäcker der Region nachahmen möchte, oder ein abenteuerlustiger Hobbykoch, der neue kulinarische Gebiete erkunden möchte, „Küche venetien" ist Ihr Leitfaden, um die Wärme und Aromen Nordostitaliens auf Ihren Tisch zu bringen.

Entdecken Sie mit uns die Küchen Venetiens, wo jedes Gericht ein Beweis für die Frische lokaler Zutaten, die Beherrschung einfacher Techniken und die Freude am Genießen des Lebens ist. Schnappen Sie sich also Ihr Olivenöl, genießen Sie die Aromen des Prosecco und begeben Sie sich auf ein kulinarisches Abenteuer durch die „Küche venetien".

FRÜHSTÜCK

1. Caffè Latte e Brioche (Kaffee und süßes Brot)

ZUTATEN:
- Frische Brioche oder Croissants
- Starker italienischer Kaffee
- Milch

ANWEISUNGEN:
a) Bereiten Sie eine starke Tasse italienischen Kaffee zu.
b) Milch auf dem Herd oder in der Mikrowelle erhitzen.
c) Gießen Sie den Kaffee in eine Tasse und servieren Sie ihn mit warmer Milch als Beilage.
d) Genießen Sie die Brioche, indem Sie sie in den Kaffee tauchen oder mit Marmelade bestreichen.

2. Pandoro French Toast

ZUTATEN:
- Scheiben von Pandoro (italienischer Weihnachtskuchen)
- 2 Eier
- 1/2 Tasse Milch
- 1 TL Vanilleextrakt
- Butter zum Braten
- Ahornsirup und Puderzucker zum Servieren

ANWEISUNGEN:
a) Eier, Milch und Vanilleextrakt in einer Schüssel verquirlen.
b) Pandoro-Scheiben in die Mischung tauchen und jede Seite damit bestreichen.
c) Butter in einer Pfanne erhitzen und die Scheiben goldbraun braten.
d) Mit Ahornsirup und einer Prise Puderzucker servieren.

3.Frittelle Venete (venezianische Karnevalskrapfen)

ZUTATEN:
- 250 g Allzweckmehl
- 2 Eier
- 250 ml Milch
- 50g Zucker
- 1 Päckchen (7 g) aktive Trockenhefe
- Schale von 1 Zitrone
- Eine Prise Salz
- Pflanzenöl zum Braten
- Puderzucker zum Bestäuben

ANWEISUNGEN:
a) In einer Schüssel Mehl, Zucker, Hefe und eine Prise Salz vermischen.
b) In einer separaten Schüssel Eier, Milch und Zitronenschale verquirlen.
c) Nasse und trockene Zutaten vermengen und umrühren, bis ein glatter Teig entsteht.
d) Abdecken und ca. 1-2 Stunden gehen lassen.
e) Öl in einer Pfanne erhitzen. Löffelweise Teig in das Öl geben und goldbraun braten.
f) Auf Küchenpapier abtropfen lassen, mit Puderzucker bestäuben und warm servieren.

4. Frühstücks-Panini mit Speck und Fontina

ZUTATEN:
- Ciabatta oder italienisches Brot
- Dünn geschnittener Speck (geräucherter Prosciutto)
- Scheiben Fontina-Käse
- 1 Esslöffel Olivenöl

ANWEISUNGEN:
a) Speck- und Fontinascheiben auf das Brot legen.
b) Die Außenseiten des Brotes mit Olivenöl beträufeln.
c) In einer Panini-Presse oder in einer Pfanne grillen, bis der Käse geschmolzen und das Brot knusprig ist.
d) In Scheiben schneiden und warm servieren.

CICCHETTI

5. Baccalà Mantecato (gesalzener Kabeljau)

ZUTATEN:
- 200 g gesalzener Kabeljau, eingeweicht und entsalzt
- 1 Knoblauchzehe, gehackt
- 100 ml natives Olivenöl extra
- Frische Petersilie, gehackt
- Scheiben knuspriges Brot

ANWEISUNGEN:
a) Den gesalzenen Kabeljau kochen, bis er leicht zerfällt. Abgießen und abkühlen lassen.
b) Den Kabeljau fein hacken und mit gehacktem Knoblauch vermischen.
c) Unter Rühren nach und nach Olivenöl hinzufügen, bis eine cremige Konsistenz entsteht.
d) Die Kabeljaucreme auf knusprigen Brotscheiben verteilen.
e) Mit gehackter Petersilie garnieren und servieren.

6. Polpette di Sarde (Sardinenfleischbällchen)

ZUTATEN:
- 200 g frische Sardinen, gereinigt und entbeint
- 1/2 Tasse Semmelbrösel
- 1 Ei
- 2 Esslöffel geriebener Parmesankäse
- Frische Minze, gehackt
- Olivenöl zum Braten

ANWEISUNGEN:
a) Die Sardinen fein hacken.
b) Sardinen, Semmelbrösel, Ei, Parmesan und Minze in einer Schüssel vermischen.
c) Kleine Fleischbällchen formen und in Olivenöl goldbraun braten.
d) Mit Zahnstochern servieren.

7. Radicchio und Taleggio Crostini

ZUTATEN:
- Baguettescheiben oder italienisches Brot
- Radicchio, in dünne Scheiben geschnitten
- Taleggio-Käse, in Scheiben geschnitten
- Honig zum Beträufeln

ANWEISUNGEN:
a) Die Brotscheiben toasten.
b) Mit Radicchioscheiben und Taleggio belegen.
c) Mit Honig beträufeln.
d) Grillen, bis der Käse geschmolzen ist und Blasen bildet.
e) Warm servieren.

8. Schinken- und Melonenspieße

ZUTATEN:
- Schinkenscheiben
- Melone, in mundgerechte Würfel geschnitten
- Balsamico-Glasur zum Beträufeln

ANWEISUNGEN:
a) Prosciuttoscheiben um die Melonenwürfel wickeln.
b) Jeweils mit einem Zahnstocher aufspießen.
c) Auf einer Servierplatte anrichten.
d) Kurz vor dem Servieren mit Balsamico-Glasur beträufeln.

9. Arancini al Nero di Seppia (Tintenfisch-Risottobällchen)

ZUTATEN:
- Restliches Risotto (am besten mit Tintenfischtinte)
- Mozzarella-Käse, in kleine Würfel schneiden
- Semmelbrösel
- Eier
- Pflanzenöl zum Braten

ANWEISUNGEN:
a) Nehmen Sie eine kleine Menge kaltes Risotto und drücken Sie es in der Hand flach.
b) Legen Sie einen Mozzarellawürfel in die Mitte und formen Sie das Risotto darum herum zu einer Kugel.
c) Tauchen Sie die Kugel in geschlagene Eier und wälzen Sie sie dann in Semmelbröseln.
d) Goldbraun und knusprig braten.
e) Warm mit einer Prise Salz servieren.

10. Gamberetti in Salsa Rosa (Garnelen in rosa Sauce)

ZUTATEN:
- Gekochte Garnelen, geschält und entdarmt
- Cocktailsauce (Mayonnaise und Ketchup gemischt)
- Zitronenscheiben
- Gehackte frische Petersilie

ANWEISUNGEN:
a) Jede Garnele mit Cocktailsauce bestreichen.
b) Die Garnelen mit Zahnstochern aufspießen.
c) Mit einem Spritzer Zitronensaft und gehackter Petersilie garnieren.
d) Gekühlt servieren.

11. Funghi Trifolati (sautierte Pilze)

ZUTATEN:
- Frische Champignons, gereinigt und in Scheiben geschnitten
- Olivenöl
- Knoblauch, gehackt
- Frischer Thymian
- Salz und Pfeffer nach Geschmack
- Bruschetta oder knuspriges Brot

ANWEISUNGEN:
a) Pilze in Olivenöl anbraten, bis sie ihre Feuchtigkeit abgeben.
b) Gehackten Knoblauch hinzufügen und kochen, bis er duftet.
c) Mit frischem Thymian, Salz und Pfeffer würzen.
d) Auf Bruschetta oder neben knusprigem Brot servieren.

12. Polenta con Salsiccia (Polenta mit Wurst)

ZUTATEN:
- Polenta, in Quadrate geschnitten
- Gekochte italienische Wurst, in Scheiben geschnitten
- Tomatensauce
- Geriebener Parmesankäse
- Frische Basilikumblätter zum Garnieren

ANWEISUNGEN:
a) Polentascheiben grillen oder in der Pfanne goldbraun braten.
b) Belegen Sie jede Polentascheibe mit einer Scheibe Brühwurst.
c) Etwas Tomatensauce über die Wurst geben.
d) Mit Parmesankäse bestreuen und mit frischem Basilikum garnieren.

13. Party-Polenta-Crostini

ZUTATEN:
- 1 Packung Polenta
- 200 Gramm Parmesankäse, frisch gerieben
- Olivenöl zum Bestreichen
- 3 Pflaumentomaten, enthäutet, entkernt und gewürfelt
- 1 Knoblauchzehe, geschält und fein gehackt
- 6 frische Basilikumblätter, grob zerzupft
- 4 Esslöffel natives Olivenöl extra
- Meersalzflocken und frisch gemahlener schwarzer Pfeffer
- 350 Gramm Gemischtes Gemüse wie Zucchini und Auberginen, geputzt und in Scheiben geschnitten
- 1 Teelöffel frische Thymianblätter
- 1 Esslöffel Balsamico-Essig
- 75 Gramm Dolcelatte-Käse, in Scheiben geschnitten
- 6 dünne Scheiben Parmaschinken, jeweils halbiert

ANWEISUNGEN:
FÜR DIE POLENTA:
a) Bereiten Sie zunächst die Polenta gemäß den Anweisungen auf der Packung zu.
b) Den Parmesankäse unter die Polenta rühren.
c) Die Polenta auf einem großen Backblech verteilen, sodass eine etwa 2,5 cm dicke Schicht entsteht.
d) Abkühlen lassen.

FÜR DIE TOMATEN AL CRUDO:
a) Die Tomaten in eine Schüssel geben und Knoblauch, Basilikum und 2 Esslöffel Öl unterrühren.
b) Gut mit Salz und frisch gemahlenem schwarzem Pfeffer würzen.

FÜR DAS MARINIERTE GRILLGEMÜSE:
a) Eine Grillplatte erhitzen, bis sie raucht, dann das restliche Öl hinzufügen und das Gemüse auf die Grillplatte legen.
b) Auf jeder Seite 3-4 Minuten goldbraun braten.
c) In eine Schüssel geben und mit Salz, frisch gemahlenem schwarzem Pfeffer und Thymianblättern würzen.
d) Den Balsamico-Essig hinzufügen.

MONTIEREN:
a) Sobald die Polenta abgekühlt und fest ist, schneiden Sie sie in dicke, lange Finger.
b) Den Grill heiß vorheizen. Die Polentafinger mit Olivenöl bestreichen und auf eine mit Alufolie ausgelegte Grillpfanne legen.
c) Die Polenta unter dem Grill auf jeder Seite 2 Minuten rösten, bis sie goldbraun und knusprig ist.
d) Ein Drittel der Polenta-Stäbchen mit dem Dolcelatte-Käse und dem geriebenem Parmaschinken belegen.
e) Weitere 2 Minuten grillen, bis der Käse geschmolzen ist und Blasen bildet.
f) Ein weiteres Drittel der Polentastäbchen mit den Tomaten al crudo belegen und den Rest mit dem gemischten Grillgemüse belegen.
g) Die Polenta-Crostini auf einer großen Platte servieren.

14. Gegrillte Polentaquadrate

ZUTATEN:
- 2 Knoblauchzehen; fein gehackt
- ¼ Teelöffel schwarzer Pfeffer
- 2 Tassen Wasser
- 2 Esslöffel natives Olivenöl extra
- 2 Tassen Brühe
- ⅓ Tasse Cotija-Käse, gerieben
- 1 Tasse Polenta
- 4 Esslöffel Olivenöl zum Bestreichen
- ½ rote Zwiebel; fein gehackt
- 1 Teelöffel Meersalz
- 2 Esslöffel ungesalzene Butter

ANWEISUNGEN:
a) In einem großen, schweren Topf das Olivenöl bei schwacher Hitze erhitzen.
b) Kochen Sie die Zwiebel etwa 3 Minuten lang, bevor Sie den Knoblauch hinzufügen.
c) Brühe, Wasser und Salz bei starker Hitze zum Kochen bringen.
d) Reduzieren Sie die Hitze auf eine niedrige Stufe und träufeln Sie die Polenta langsam in einem dünnen Strahl unter ständigem Rühren hinein, nachdem die Flüssigkeit köchelt.
e) Reduzieren Sie die Hitze auf eine sehr niedrige Stufe und rühren Sie 25 bis 30 Minuten lang weiter, oder bis die Polentakörner weich sind.
f) Den schwarzen Pfeffer, Cotija und Butter hinzufügen und gut vermischen.
g) Die Polenta in einem Bräter aufhäufen und gleichmäßig verteilen.
h) 1 Stunde bei Zimmertemperatur stehen lassen.
i) Tragen Sie Öl auf die Grillpfanne auf. Die Polenta mit Olivenöl bestreichen und in 8 Quadrate schneiden.
j) Heizen Sie die Grillpfanne vor und braten Sie die Quadrate auf jeder Seite 9 Minuten lang oder bis sie goldbraun sind.

HAUPTKURS

15. Risi e Bisi (venezianischer Reis und Erbsen)

ZUTATEN:
- 1 Tasse Arborio-Reis
- 1 Tasse frische Erbsen (oder gefroren)
- 1 kleine Zwiebel, fein gehackt
- 2 Esslöffel Butter
- 4 Tassen Gemüse- oder Hühnerbrühe
- Salz und Pfeffer nach Geschmack
- Zum Servieren geriebener Parmesankäse

ANWEISUNGEN:
a) In einer Pfanne die gehackte Zwiebel in Butter anbraten, bis sie glasig ist.
b) Reis hinzufügen und einige Minuten kochen lassen, bis er leicht geröstet ist.
c) Gießen Sie eine Tasse Brühe hinzu und rühren Sie, bis sie absorbiert ist. Fügen Sie nach und nach Brühe hinzu.
d) Wenn der Reis fast gar ist, fügen Sie frische oder gefrorene Erbsen hinzu.
e) Kochen, bis der Reis cremig und die Erbsen zart sind. Mit Salz und Pfeffer würzen.
f) Heiß servieren, garniert mit geriebenem Parmesankäse.

16. Venezianischer Speck-Bohnen-Salat

ZUTATEN:
- 5 Scheiben Pancetta, gehackt und gekocht
- 1 8-Unzen-Glas geröstete rote Paprika, abgetropft und gehackt
- 1 Tasse Kirschtomaten, halbiert
- 3 EL natives Olivenöl extra
- 1 Pfund frischer Babyspinat
- 2 Knoblauchzehen, gehackt
- 1 15 oz. Dose Cannellini-Bohnen, abgespült und abgetropft
- 3 EL Rotweinessig
- 1/2 TL Salz
- 1/2 TL frisch gemahlener schwarzer Pfeffer
- 1/2 TL Zucker
- 1/4 Tasse frische italienische glatte Petersilie, gehackt
- 1/4 Tasse frisches Basilikum, gehackt

ANWEISUNGEN:
a) In einer mittelgroßen Schüssel Speck, Paprika und Tomaten vermischen.
b) Den Spinat waschen und die Stiele abschneiden.
c) In einer großen Pfanne den Spinat und den Knoblauch im Olivenöl anbraten, bis der Spinat zusammenfällt.
d) Die Cannellini-Bohnen einrühren und 1 Minute kochen lassen.
e) Essig, Salz, Pfeffer und Zucker hinzufügen und 1 Minute kochen lassen.
f) Legen Sie die Mischung auf eine Servierplatte und belegen Sie sie mit der Pancetta-Paprika-Tomaten-Mischung. Warm servieren.

17. Venezianische Reis- und Erbsensuppe

ZUTATEN:
- 1 gelbe Zwiebel, gehackt
- 2 Knoblauchzehen, gehackt
- 1 EL natives Olivenöl extra
- 5 EL Butter
- 1 10oz. Paket mit gefrorenen Erbsen
- 1/2 TL Salz
- 1/2 TL frisch gemahlener schwarzer Pfeffer
- 1 Tasse Arborio-Reis, ungekocht
- 6 Tassen Hühnerbrühe
- 1/4 Tasse frische italienische Petersilie
- 1/2 Tasse frisch geriebener Parmesankäse

ANWEISUNGEN:
a) In einem großen Topf die Zwiebeln und den Knoblauch in Olivenöl und Butter anbraten, bis sie weich sind.
b) Die Erbsen hinzufügen und 2 bis 3 Minuten kochen lassen.
c) Mit Salz und Pfeffer würzen.
d) Den Reis hinzufügen und einige Minuten rühren.
e) Hühnerbrühe einrühren und zum Kochen bringen.
f) Die Hitze reduzieren und etwa 30 Minuten köcheln lassen, bis der Reis weich ist.
g) Petersilie unterrühren.
h) Vom Herd nehmen und kurz vor dem Servieren den Parmesankäse untermischen.

18. Geschmortes Kalbfleisch mit Kürbis

ZUTATEN:
- 1 Butternusskürbis, halbiert, ohne Kerne und Ballaststoffe.
- 3 EL natives Olivenöl extra
- 1 EL Butter
- 2 mittelgroße gelbe Zwiebeln, gehackt
- 2 Knoblauchzehen, gehackt
- 2 EL frischer Rosmarin
- 2 Pfund gewürfeltes Kalbfleisch
- 1/2 TL Salz
- 1 TL frisch gemahlener schwarzer Pfeffer
- 1 Tasse Marsala-Wein
- 2 Tassen Rinderbrühe

ANWEISUNGEN:
a) Den Butternusskürbis schälen und in 1/2 Zoll große Stücke schneiden.
b) In 3 Liter kochendem Salzwasser den Kürbis weich kochen.
c) Abtropfen lassen und beiseite stellen.
d) In einer kleinen Pfanne Zwiebeln, Knoblauch und Rosmarin in 2 EL Olivenöl anbraten, bis die Zwiebeln glasig sind. Beiseite legen.
e) In einem großen Topf das Kalbfleisch im restlichen Öl und der Butter von allen Seiten anbraten
f) Mit Salz und Pfeffer würzen.
g) Marsala hinzufügen und 2 Minuten kochen lassen.
h) Die Zwiebelmischung hinzufügen. Butternusskürbis und Brühe dazugeben und zum Kochen bringen.
i) Reduzieren Sie die Hitze auf köcheln, decken Sie das Ganze ab und kochen Sie es 1 bis 1,5 Stunden lang, bis das Fleisch zart und der Kürbis püriert ist.

19. Canederli al Formaggio (Käseknödel)

ZUTATEN:
- 300 g altbackenes Brot, gewürfelt
- 1 Tasse Milch
- 2 Eier
- 150 g Käse (Fontina oder Asiago), gerieben
- 1/4 Tasse Butter
- 1/4 Tasse Semmelbrösel
- Salz und Muskatnuss nach Geschmack

ANWEISUNGEN:
a) Brotwürfel in Milch einweichen, bis sie weich sind.
b) Eier, geriebenen Käse, Salz und eine Prise Muskatnuss untermischen.
c) Aus der Masse kleine Knödel formen.
d) Knödel in kochendem Salzwasser kochen, bis sie schwimmen.
e) In einer separaten Pfanne Butter schmelzen und die Semmelbrösel goldbraun anbraten.
f) Die Knödel in der Semmelbröselmischung wälzen.
g) Warm servieren.

20. Pizzoccheri della Valtellina

ZUTATEN:
- 250g Pizzoccheri-Nudeln (Buchweizennudeln)
- 200 g Wirsing, zerkleinert
- 150g Kartoffeln, geschält und gewürfelt
- 100g Butter
- 1 Knoblauchzehe, gehackt
- 200 g Veltlin-Casera-Käse, gerieben
- 100g Parmesankäse, gerieben
- Salz und Pfeffer nach Geschmack

ANWEISUNGEN:
a) Pizzoccheri-Nudeln, Kohl und Kartoffeln in kochendem Salzwasser kochen.
b) In einer separaten Pfanne Butter schmelzen und gehackten Knoblauch anbraten.
c) Nudeln und Gemüse abgießen, dann mit Butter und Knoblauch vermischen.
d) Geriebenen Valtellina Casera und Parmesan hinzufügen.
e) Mit Salz und Pfeffer würzen.
f) Heiß servieren.

21. Pasta e Fagioli Veneta (venezianische Nudel- und Bohnensuppe)

ZUTATEN:
- 250 g Nudeln (z. B. Ditalini oder kleine Muscheln)
- 1 Tasse Borlottibohnen, gekocht
- 1 Zwiebel, gehackt
- 2 Knoblauchzehen, gehackt
- 2 Esslöffel Tomatenmark
- 1/4 Tasse Olivenöl
- 1 Liter Gemüsebrühe
- Salz und Pfeffer nach Geschmack
- Frische Petersilie, gehackt zum Garnieren

ANWEISUNGEN:
a) In einem Topf Zwiebeln und Knoblauch in Olivenöl anbraten, bis sie weich sind.
b) Tomatenmark hinzufügen und einige Minuten kochen lassen.
c) Gekochte Borlottibohnen und Gemüsebrühe hinzufügen.
d) Zum Kochen bringen und dann Nudeln hinzufügen. Kochen, bis die Nudeln al dente sind.
e) Mit Salz und Pfeffer würzen und mit frischer Petersilie garnieren.
f) Heiß servieren.

22. Spezzatino di Manzo al Barolo (Rindereintopf mit Barolo-Wein)

ZUTATEN:
- 500g Rinderschmorfleisch, gewürfelt
- 1 Zwiebel, fein gehackt
- 2 Karotten, gewürfelt
- 2 Selleriestangen, gewürfelt
- 2 Knoblauchzehen, gehackt
- 1 Tasse Barolo-Wein
- 2 Tassen Rinderbrühe
- 2 Esslöffel Tomatenmark
- Frischer Rosmarin und Thymian
- Olivenöl
- Salz und Pfeffer nach Geschmack

ANWEISUNGEN:
a) In einem Topf die Rindfleischwürfel in Olivenöl anbraten.
b) Zwiebeln, Karotten, Sellerie und Knoblauch hinzufügen. Anbraten, bis das Gemüse weich ist.
c) Tomatenmark einrühren und einige Minuten kochen lassen.
d) Den Barolo-Wein angießen und einkochen lassen.
e) Rinderbrühe, frische Kräuter, Salz und Pfeffer hinzufügen.
f) Bei schwacher Hitze köcheln lassen, bis das Fleisch zart ist.
g) Über Polenta oder Kartoffelpüree servieren.

23. Trofie al Pesto Genovese (Trofie-Nudeln mit Genovese-Pesto)

ZUTATEN:

- 400 g Trofie-Nudeln
- 2 Tassen frische Basilikumblätter
- 1/2 Tasse geriebener Pecorino-Käse
- 1/2 Tasse geriebener Parmesankäse
- 1/2 Tasse Pinienkerne
- 2 Knoblauchzehen
- Natives Olivenöl extra
- Salz und Pfeffer nach Geschmack

ANWEISUNGEN:

a) Trofie-Nudeln in kochendem Salzwasser al dente kochen.
b) In einer Küchenmaschine Basilikum, Pecorino, Parmesan, Pinienkerne und Knoblauch vermischen.
c) Nach und nach Olivenöl hinzufügen, bis ein glattes Pesto entsteht.
d) Die gekochten Nudeln mit dem Pesto vermengen.
e) Mit Salz und Pfeffer würzen.
f) Mit zusätzlichem geriebenem Käse darüber servieren.

24. Stracotto di Manzo (Schmorbraten)

ZUTATEN:
- 1,5 kg Rinderbraten
- 1 Zwiebel, in Scheiben geschnitten
- 2 Karotten, gewürfelt
- 2 Selleriestangen, gewürfelt
- 2 Knoblauchzehen, gehackt
- 2 Tassen Rotwein
- 1 Tasse Rinderbrühe
- 2 Esslöffel Tomatenmark
- Frischer Rosmarin und Thymian
- Olivenöl
- Salz und Pfeffer nach Geschmack

ANWEISUNGEN:
a) Den Backofen auf 160 °C (325 °F) vorheizen.
b) Den Rinderbraten mit Salz und Pfeffer würzen.
c) Den Braten im Schmortopf in Olivenöl von allen Seiten anbraten.
d) Zwiebeln, Karotten, Sellerie und Knoblauch hinzufügen. Anbraten, bis das Gemüse weich ist.
e) Tomatenmark einrühren und einige Minuten kochen lassen.
f) Rotwein und Rinderbrühe angießen. Frische Kräuter hinzufügen.
g) Decken Sie den Topf ab und stellen Sie ihn in den Ofen. 2-3 Stunden kochen lassen oder bis das Fleisch zart ist.
h) Schmorbratenscheiben mit Gemüse und Bratensaft servieren.

25. Gebratener Red Snapper mit Kartoffeln und Oliven

ZUTATEN:
- 4 große Backkartoffeln, geschält und in dünne Scheiben geschnitten
- 6 EL natives Olivenöl extra
- 1 EL frischer Rosmarin, gehackt
- 1 TL Salz
- 1 TL frisch gemahlener schwarzer Pfeffer
- 15 Kirschtomaten, halbiert
- 1 Tasse Gaeta- oder Kalamata-Oliven, entkernt
- 1 großer ganzer Red Snapper oder Schwarzer Wolfsbarsch, gereinigt und geschuppt
- 1/2 Tasse frische italienische glatte Petersilie, gehackt
- 3 Zweige Thymian
- 1 1/2 Tassen trockener Weißwein

ANWEISUNGEN:
a) Den Backofen auf 400 Grad vorheizen.
b) In einer großen Schüssel die Kartoffeln, 3 EL Olivenöl und Rosmarin vermischen.
c) Die Kartoffeln mit Salz und Pfeffer würzen
d) Die Kartoffelmischung in eine Auflaufform geben.
e) Tomaten und Oliven dazugeben und noch etwas Öl darüberträufeln.
f) Den Fisch mit Salz und Pfeffer würzen.
g) Den Fisch mit Petersilie und Thymian füllen.
h) Legen Sie den Fisch auf die Kartoffeln und reiben Sie die Oberseite mit dem restlichen Olivenöl ein.
i) Den Weißwein rund um den Fisch gießen.
j) Den Kuchen mit Alufolie abdecken und 50 Minuten backen.
k) Entfernen Sie die Folie, begießen Sie den Fisch und braten Sie ihn etwa 20 Minuten länger.
l) Legen Sie den Fisch auf ein Schneidebrett.
m) Die Kartoffelmischung auf einer großen Platte anrichten.
n) Den Fisch filetieren und über die Kartoffeln, Tomaten und Oliven legen.
o) Den Bratensaft darüber träufeln und servieren.

RISOTTO

26. Risotto al Tartufo Nero (Risotto mit schwarzen Trüffeln)

ZUTATEN:
- 2 Tassen Arborio-Reis
- 1/2 Tasse trockener Weißwein
- 1 kleine Zwiebel, fein gehackt
- 2 Knoblauchzehen, gehackt
- 1/4 Tasse schwarze Trüffelpaste oder Öl
- 4 Tassen Hühner- oder Gemüsebrühe
- Geriebener Parmesankäse
- Frischer Schnittlauch, gehackt zum Garnieren
- Salz und Pfeffer nach Geschmack

ANWEISUNGEN:
a) Zwiebel und Knoblauch in Trüffelpaste oder Öl anbraten, bis sie weich sind.
b) Reis hinzufügen und einige Minuten kochen lassen.
c) Den Wein angießen und kochen, bis er verdunstet ist.
d) Nach und nach heiße Brühe hinzufügen und dabei häufig umrühren, bis der Reis cremig und gar ist.
e) Mit Salz und Pfeffer würzen.
f) Geriebenen Parmesan unterrühren und mit frischem Schnittlauch garnieren.
g) Sofort servieren.

27.Erbsen-Schinken-Risotto

ZUTATEN:
- ungeräucherter Schinken, 1 kg
- Je 1 Karotte, Zwiebel und Selleriestange, gehackt
- Blumenstrauß Garni 1
- schwarze Pfefferkörner 1 Teelöffel

RISOTTO
- glatte Petersilie, ein kleiner Bund, Blätter und Stiele gehackt
- Butter 2 Esslöffel
- Olivenöl 2 Esslöffel
- Zwiebel 1 groß, gewürfelt
- Knoblauch 2 Zehen, zerdrückt
- Risottoreis 300g
- Weißwein 150 ml
- gefrorene Erbsen 400g
- Parmesan 50g, gerieben

ANWEISUNGEN:

a) Die Haxe waschen und mit der restlichen Brühe sowie den Petersilienstängeln vom Risotto in einen großen Topf geben.

b) Mit gerade kochendem Wasser bedecken und zugedeckt 3-4 Stunden köcheln lassen, dabei alle an die Oberfläche aufsteigenden Verunreinigungen abschöpfen und bei Bedarf nachfüllen, bis sich das Fleisch vom Knochen löst. Die Haxe aus der Flüssigkeit nehmen und etwas abkühlen lassen.

c) Die Brühe abseihen und abschmecken (es sollten 1,5 Liter sein) – sie sollte recht salzig und mit viel Geschmack sein. Bei schwacher Hitze in eine Pfanne gießen.

d) 1 Esslöffel Butter und Öl in einer tiefen Pfanne bei mittlerer Hitze erhitzen. Die Zwiebel 10 Minuten braten, bis sie weich ist. Den Knoblauch einrühren, 1 Minute braten, dann den Reis hinzufügen und 2-3 Minuten kochen lassen, um den Reis zu rösten.

e) Gießen Sie den Wein hinzu und sprudeln Sie, bis er fast aufgebraucht ist. Fügen Sie dann die Brühe hinzu, eine Kelle nach der anderen, und rühren Sie regelmäßig 20–25 Minuten lang um, bis der Reis zart und cremig ist.

f) Entfernen Sie die Haut von der Schinkenhaxe, schneiden Sie das Fleisch in Stücke und entfernen Sie die Knochen.

g) Den Großteil des Schinkens und alle Erbsen unter das Risotto rühren. Rühren, bis die Erbsen weich sind. Vom Herd nehmen, Parmesan und restliche Butter unterheben, abdecken und 10 Minuten ruhen lassen.

h) Mit dem restlichen Schinken, etwas Öl und Petersilie bestreuen.

28.Schinken - Spargel -Risotto Primavera

ZUTATEN:
- geräucherte Schinkenhaxe 1, bei Bedarf über Nacht einweichen
- Karotte 1
- ungesalzene Butter 100g, gewürfelt
- Zwiebeln 3 mittelgroß, 2 fein gewürfelt
- Knoblauch 2 Zehen
- Thymianzweig, fein gehackt
- Risottoreis 200g
- Graupen 200g
- Erbsen 150g
- Saubohnen 150 g, nach Belieben doppelte Schote
- Spargelstangen 6, schräg geschnitten
- Frühlingszwiebeln 4, schräg geschnitten
- grüne Bohnen 20, in kurze Stücke geschnitten
- Mascarpone 100g
- Parmesan 85g, gerieben

ANWEISUNGEN:

a) Geben Sie die Schinkenhaxe zusammen mit der Karotte und der halbierten Zwiebel in einen Topf mit sauberem, kaltem Wasser.

b) Zum Kochen bringen und 2½ Stunden kochen lassen, dabei ab und zu die Oberfläche abschöpfen. Füllen Sie die Pfanne bei Bedarf mit Wasser auf.

c) Die Butter in einer schweren Pfanne schmelzen und die Zwiebel, den Knoblauch und den Thymian hinzufügen. Kochen, bis es weich, aber nicht gefärbt ist.

d) Den Reis und die Graupen hinzufügen und einige Minuten kochen lassen, bis sie mit der Butter bedeckt sind. Nach und nach die Schinken- und Gemüsebrühe hinzufügen und dabei umrühren.

e) Nach etwa 15–20 Minuten Rühren und Köcheln ist fast die gesamte Brühe aufgebraucht. Probieren Sie Ihr Risotto und wenn Sie mit der Konsistenz zufrieden sind, nehmen Sie das Risotto vom Herd, aber halten Sie es in der Nähe.

f) Kochen Sie einen Topf mit Wasser und blanchieren Sie das gesamte grüne Gemüse außer den Frühlingszwiebeln 30 Sekunden lang. Abgießen und zum Risotto geben.

g) Stellen Sie das Risotto wieder auf mittlere Hitze und rühren Sie das Gemüse, die Frühlingszwiebeln und den Schinken unter und lassen Sie alles erhitzen und würzen. Mascarpone und geriebenen Parmesan unterrühren und servieren.

29. Risotto al Nero di Seppia (Tintenfisch-Risotto)

ZUTATEN:
- 2 Tassen Arborio-Reis
- 1/2 Tasse trockener Weißwein
- 1 kleine Zwiebel, fein gehackt
- 2 Knoblauchzehen, gehackt
- 500 g Tintenfisch oder Tintenfisch, gereinigt und in Scheiben geschnitten
- 2 Esslöffel Tintenfischtinte
- 4 Tassen Meeresfrüchte oder Gemüsebrühe
- Salz und Pfeffer nach Geschmack
- Frische Petersilie, gehackt zum Garnieren
- Geriebener Parmesankäse (optional)

ANWEISUNGEN:
a) In einer Pfanne Zwiebeln und Knoblauch in Olivenöl glasig dünsten.
b) Reis hinzufügen und einige Minuten kochen lassen.
c) Den Wein angießen und kochen, bis er verdunstet ist.
d) Tintenfisch dazugeben und kurz anbraten.
e) Tintenfischtinte in einer Kelle heißer Brühe auflösen und zum Reis geben.
f) Nach und nach die restliche Brühe hinzufügen und dabei häufig umrühren, bis der Reis cremig und gar ist.
g) Mit Salz und Pfeffer würzen, mit Petersilie garnieren und nach Belieben mit Parmesan servieren.

30.Speck-Tomaten-Risotto

ZUTATEN:
- Öl zum braten
- Zwiebel 1, fein gehackt
- Knoblauch 1 Zehe, zerdrückt
- Speck 4 Scheiben, fein gehackt
- Risottoreis oder Carnaroli oder Arborio 200g
- Hühnerbrühe frisch, auf 1 Liter aufgefüllt
- Kirschtomaten 12, nach Belieben die Stiele entfernen

ANWEISUNGEN:

a) Etwas Öl in einer weiten Pfanne erhitzen und die Zwiebel darin einige Minuten sanft anbraten, bis sie weich ist, den Knoblauch und die Hälfte des Specks dazugeben und alles zusammen anbraten.

b) Geben Sie den Reis hinzu und rühren Sie gut um. Fügen Sie dann die Brühe nach und nach hinzu und rühren Sie jede Menge um, bis sie vollständig aufgesogen ist und das Risotto cremig ist, aber noch etwas Biss behält (möglicherweise müssen Sie nicht die gesamte Brühe aufbrauchen).).

c) In der Zwischenzeit eine weitere Pfanne mit etwas Öl erhitzen und den restlichen Speck mit den Tomaten bei starker Hitze braun anbraten. Zum Servieren das Risotto darüber geben.

31. Pancetta-Risotto mit Radicchio

ZUTATEN:
- Butter 25g
- Olivenöl 2 Esslöffel
- Schalotten 4, fein gewürfelt
- geräucherter Pancetta 75g, gewürfelt
- Radicchio 1, ca. 225g
- Risottoreis 225g
- Hühnerbrühe 500-600 ml
- Pancetta 4-6 Scheiben, in dünne Scheiben geschnitten
- Vollfett-Crème fraîche 2 Esslöffel
- Parmesan 25-50g, fein gerieben

ANWEISUNGEN:

a) Butter und Olivenöl in einer kleinen Auflaufform schmelzen. Die Schalotten dazugeben und sanft anbraten, bis sie weich sind. Den gewürfelten Pancetta dazugeben und unter Rühren weitergaren, bis er fast knusprig ist. In der Zwischenzeit die obere Hälfte des Radicchio abschneiden und zerkleinern. Schneiden Sie die untere Hälfte in dünne Spalten, schneiden Sie die Wurzel ab, lassen Sie aber genug davon übrig, um die Spalten zusammenzuhalten.

b) Geben Sie den Reis in die Pfanne, rühren Sie ein bis zwei Minuten lang kräftig um und fügen Sie dann den zerkleinerten Radicchio und eine Kelle voll Brühe hinzu. Bei schwacher Hitze kochen, dabei ab und zu umrühren und nach dem Aufsaugen mehr Brühe hinzufügen.

c) In der Zwischenzeit eine gusseiserne Grillpfanne erhitzen und die Radicchiospalten auf beiden Seiten anbraten, sodass sie leicht verkohlt sind. Herausnehmen und beiseite stellen.

d) Eine Bratpfanne erhitzen und die Pancettascheiben trocken anbraten, bis das Fett goldbraun wird. Aus der Pfanne nehmen und beiseite stellen – sie werden knusprig.

e) Wenn der Reis fast gar ist, aber noch einen guten Biss hat (ca. 20 Minuten), überprüfen Sie, ob er gewürzt ist, schalten Sie den Herd aus, geben Sie die Crème fraîche und die zusätzliche Butter hinzu, rühren Sie gut um, setzen Sie den Deckel auf den Topf und lassen Sie ihn 5 Minuten lang stehen . Kurz vor dem Servieren die gegrillten Radicchiospalten unterrühren.

f) Belegen Sie jeden Teller mit knusprigem Pancetta und Parmesan.

32.Kürbisrisotto

ZUTATEN:
- 75 g (3 Unzen) dick geschnittener Pancetta oder hochwertiger geräucherter, durchwachsener Speck, gewürfelt
- 1 mittelgroße Zwiebel, gehackt
- 500 g reifer Orangenkürbis oder Butternusskürbis, geschält, entkernt und gehackt
- Meersalz und frisch gemahlener schwarzer Pfeffer
- 400 g (14 oz), vorzugsweise Carnaroli-Reis
- Etwa 1,2 Liter (2 Pints) Gemüse- oder Hühnerbrühe, köcheln lassen
- eine Handvoll fein gehackte frische Petersilie
- 1 Teelöffel Zitronensaft oder Weißweinessig
- 2 Esslöffel ungesalzene Butter
- 3 gehäufte Esslöffel frisch geriebener Grana Padano-Käse

ANWEISUNGEN:

a) Den Pancetta in einem großen Topf mit starkem Boden vorsichtig anbraten, bis das Fett ausläuft, dann die Zwiebel dazugeben und anbraten, bis er weich ist.

b) Fügen Sie den Kürbis hinzu und kochen Sie ihn zusammen mit der Zwiebel und der Pancetta sanft, bis er weich und matschig ist.

c) Geben Sie den Reis hinzu und rösten Sie ihn vorsichtig von allen Seiten. Geben Sie dann die Brühe hinzu, rühren Sie um und lassen Sie den Reis die Flüssigkeit aufsaugen. Geben Sie noch mehr Brühe hinzu, würzen Sie ihn ab und fügen Sie weitere Brühe hinzu, wenn der Reis die Flüssigkeit aufgesogen hat.

d) Fahren Sie auf diese Weise fort, bis der Reis zart ist und alle Körner prall und durchgegart sind.

e) Petersilie, Zitronensaft oder Essig, Butter und Grana Padano unterrühren, vom Herd nehmen und abdecken.

f) Drei Minuten stehen lassen, dann noch einmal umrühren und auf eine vorgewärmte Platte geben. Sofort servieren.

33.Rinderfilet - Lauch -Risotto

ZUTATEN:
- 2 8 Unzen Rinderfilet
- 50 Gramm Arborioreis
- 100 Gramm Frische Petersilie
- ½ klein Lauch
- 2 Unzen Blutwurst
- 40 Gramm Geräucherter Wedmore-Käse
- 20 Gramm Petersilie
- 1 Sardellenfilet aus der Dose
- 1 Esslöffel Pinienkerne; getoastet
- 2 Knoblauchzehen; gehackt
- ½ Rote Zwiebel; gehackt
- ½ Flasche Rotwein
- 500 Milliliter Frische Rinderbrühe
- ½ Karotte; klein gehackt
- ½ Rote Paprika; klein gehackt
- 15 Gramm Glatte Petersilie
- Balsamico Essig
- Butter
- natives Olivenöl
- Steinsalz und frisch gemahlener schwarzer Pfeffer

ANWEISUNGEN:

a) Bereiten Sie zunächst das Risotto zu, indem Sie die Hälfte der Zwiebel und des Knoblauchs in einer Bratpfanne mit etwas Butter anbraten und etwa 30 Sekunden lang kochen, ohne sie zu färben.

b) Dann den Reis hinzufügen und weitere 30 Sekunden kochen lassen, dann 250 ml der Brühe hinzufügen und zum Kochen bringen. Den Lauch in kleine Würfel schneiden, in die Pfanne geben und etwa 13 Minuten köcheln lassen, um den Reis zu kochen.

c) Um das Pesto zuzubereiten, das ziemlich dick sein muss, geben Sie Petersilie, Knoblauchzehe, Sardelle, Pinienkerne und etwas Olivenöl in einen Mixer, pürieren Sie es zu einem Pesto und lassen Sie es beiseite.

d) Dann eine Bratpfanne erhitzen, das Filet darin würzen und in etwas Öl kräftig würzen. Die Pfanne mit Rotwein und Brühe ablöschen, zum Kochen bringen und 5 Minuten leicht köcheln lassen, dann das Steak herausnehmen. Erhöhen Sie die Hitze und reduzieren Sie sie, bis sie leicht eingedickt ist. Geben Sie zum Schluss ein Stück Butter und Gewürze in die Soße.

e) Zum Servieren die geschälte und gewürfelte Blutwurst zum Risotto und den geräucherten Käse und die gehackte glatte Petersilie geben und gut würzen. Legen Sie dies in die Mitte jedes Tellers, so dass das Steak darauf liegt.

f) Mit einem Esslöffel Petersilienpesto belegen und mit der Soße am Rand servieren und mit den kleinen Gemüsewürfeln bestreuen.

34. Cheddar- und Frühlingszwiebelrisotto

ZUTATEN:
- Butter 25g
- Frühlingszwiebeln 6, gehackt
- Risottoreis 150g
- ein Schuss Weißwein (optional)
- Gemüse- oder Hühnerbrühe 750 ml
- Dijon-Senf ½ Teelöffel
- reifer Cheddar 100g, gerieben

Balsamico-Tomaten
- Olivenöl 1 Esslöffel
- Kirschtomaten 100g
- Balsamico-Essig einen Spritzer
- Basilikum, ein kleines Bündel, gehackt

ANWEISUNGEN:
a) Die Butter in einer breiten, flachen Pfanne schmelzen. Kochen Sie die Frühlingszwiebeln 4-5 Minuten lang oder bis sie weich sind. Den Reis hinzufügen und unter Rühren einige Minuten kochen lassen. Den Wein (falls verwendet) hinzufügen und sprudeln lassen, bis er absorbiert ist.

b) Nach und nach die Brühe nach und nach einrühren und erneut warten, bis sie aufgesogen ist, bevor man mehr hinzufügt. Wiederholen Sie den Vorgang, bis der Reis cremig, saftig und zart ist (möglicherweise müssen Sie nicht die gesamte Brühe aufbrauchen oder einen Spritzer mehr hinzufügen, wenn die Mischung zu dick ist).

c) In der Zwischenzeit das Olivenöl in einer separaten kleinen Pfanne bei mittlerer bis hoher Hitze erhitzen und die Tomaten mit reichlich Gewürzen kochen, bis sie gerade zu platzen beginnen.

d) Senf und Käse unter das Risotto rühren und bei Bedarf mit Pfeffer und etwas Salz abschmecken. In warme Schüsseln füllen und mit den Tomaten, einem Spritzer Balsamico und etwas Basilikum belegen.

35. Rote-Bete-Risotto

ZUTATEN:
- Butter 50g
- Zwiebel 1, fein gehackt
- Risottoreis 250g
- Weißwein 150 ml
- Gemüsebrühe 1 Liter, heiß
- Fertiggekochte Rote Bete 300g Packung
- Zitrone 1, abgerieben und entsaftet
- glatte Petersilie, ein kleiner Bund, grob gehackt
- weicher Ziegenkäse 125g
- Walnüsse eine Handvoll, geröstet und gehackt

ANWEISUNGEN:

a) Die Butter in einer tiefen Pfanne schmelzen und die Zwiebel mit etwas Gewürzen 10 Minuten lang weich dünsten. Geben Sie den Reis hinein und rühren Sie, bis jedes Korn bedeckt ist. Dann gießen Sie den Wein hinzu und lassen Sie ihn 5 Minuten lang sprudeln.

b) Geben Sie die Brühe unter Rühren schöpflöffelweise hinzu und fügen Sie erst dann mehr hinzu, wenn die vorherige Charge aufgesogen ist.

c) Nehmen Sie in der Zwischenzeit die Hälfte der Roten Bete und pürieren Sie sie in einem kleinen Mixer, bis eine glatte Masse entsteht. Den Rest hacken Sie.

d) Sobald der Reis gar ist, die zerkleinerten Roten Beten, Zitronenschale und -saft sowie den Großteil der Petersilie unterrühren. Auf Teller verteilen und mit Ziegenkäsebröseln, Walnüssen und der restlichen Petersilie belegen.

36. Zucchini-Risotto

ZUTATEN:
- Gemüse- oder Hühnerbrühe 900 ml
- Butter 30g
- Baby-Zucchini, 200 g (ca. 5–6), diagonal in dicke Scheiben geschnitten
- Olivenöl 2 Esslöffel
- Schalotten 1 lang oder 2 rund, fein gehackt
- Knoblauch 1 Zehe, zerdrückt
- Risottoreis 150g
- trockener Weißwein ein kleines Glas
- Minze, eine Handvoll Blätter, gehackt
- Zitrone ½, abgerieben und entsaftet
- Parmesan (oder vegetarische Alternative) 30 g, fein gerieben, plus etwas Extra zum Servieren

ANWEISUNGEN:

a) Lassen Sie die Brühe in einer Pfanne auf niedriger Stufe köcheln.
b) Die Hälfte der Butter in einer tiefen, breiten Bratpfanne schmelzen. Die Zucchini mit etwas Gewürzen auf beiden Seiten leicht goldbraun anbraten. Auslöffeln und auf Küchenpapier abtropfen lassen. Wischen Sie die Pfanne aus.
c) Erhitzen Sie 2 Esslöffel Olivenöl in derselben Pfanne und kochen Sie dann die Schalotten und den Knoblauch sanft 6–8 Minuten lang oder bis sie anfangen, weich zu werden. Den Reis einrühren und eine Minute lang erhitzen.
d) Den Wein hinzufügen und unter Rühren sprudeln lassen, bis er verdunstet ist. Fügen Sie die Brühe schöpflöffelweise hinzu und lassen Sie die Flüssigkeit aufsaugen, bevor Sie weitere hinzufügen. So lange Brühe hinzufügen, bis der Reis zart ist und noch ein kleines bisschen Biss übrig ist.
e) Die Zucchini einrühren und eine Minute lang erhitzen lassen. Die Minze hinzufügen und mit dem Zitronensaft und der Zitronenschale, dem Parmesan, der restlichen Butter und einer letzten Kelle Brühe unter den Reis rühren. Das Risotto sollte eher cremig und saftig als steif sein, also fügen Sie entsprechend zusätzliche Brühe hinzu.
f) Setzen Sie einen Deckel auf und lassen Sie es einige Minuten ruhen. Servieren Sie es dann in warmen Schüsseln mit zusätzlichem Käse, wenn Sie möchten.

37. Fenchelrisotto mit Pistazien

ZUTATEN : _
- 2 Tassen Hühnerbrühe, kombiniert mit
- 1 Tasse Wasser
- 1 Esslöffel Butter oder Margarine
- 2 Esslöffel Olivenöl
- 1 Tasse Fein gehackte Zwiebel
- 1 mittel Fenchelknolle
- 1 mittel Rote Paprika, gehackt
- 2 Medien Knoblauchzehen, gehackt
- 1½ Tasse Arborioreis
- ⅓ Tasse Geschälte Pistazien, gehackt
- Frisch gemahlener schwarzer Pfeffer
- ¼ Tasse Geriebener Parmesankäse

ANWEISUNGEN:

a) Erhitzen Sie die Brühe-Wasser-Kombination bei mittlerer bis niedriger Hitze. Warm halten.

b) In einer großen Pfanne, vorzugsweise mit Antihaftbeschichtung, oder einem großen Topf Butter und Öl bei mittlerer Hitze erhitzen, bis es heiß ist. Zwiebel, Fenchel und rote Paprika hinzufügen; 5 Minuten anbraten. Den Knoblauch hinzufügen und eine weitere Minute anbraten.

c) Den Reis einrühren und unter Rühren 2 Minuten kochen lassen. Beginnen Sie langsam, die Flüssigkeit hinzuzufügen, jeweils etwa eine Schöpfkelle. Zugedeckt bei mittlerer bis niedriger Hitze 10 Minuten kochen lassen, dabei gelegentlich umrühren.

d) Geben Sie die Flüssigkeit langsam hinzu und rühren Sie oft um. Warten Sie jedes Mal, bis die Flüssigkeit aufgesogen ist, bevor Sie die nächste Kelle hinzufügen. Wiederholen Sie den Garvorgang abgedeckt 10 Minuten lang.

e) Nehmen Sie den Deckel auf, fügen Sie die Flüssigkeit hinzu und rühren Sie häufig um. Das Risotto sollte etwa 30 Minuten kochen. Das fertige Risotto sollte cremig sein und in der Mitte des Reises etwas Biss aufweisen.

f) Pistazien, Pfeffer und Parmesan zum fertigen Risotto geben und verrühren, bis alles gut vermischt ist.

38. Kräuter-Süßkartoffelrisotto

ZUTATEN:
- 1 Esslöffel natives Olivenöl
- 1 Tasse Würfel (1") Süßkartoffeln
- 1 Tasse Arborioreis
- ½ Tasse Gehackte Zwiebeln
- 1 Esslöffel Gehackter frischer Salbei
- 1 Teelöffel Abgeriebene Orangenschale
- ⅛ Teelöffel Gemahlene Muskatnuss
- 2 Tassen Entfettete Hühnerbrühe
- ¼ Tasse Orangensaft
- Salz und schwarzer Pfeffer
- 1 Esslöffel Geriebener Parmesankäse
- 2 Esslöffel Gehackte frische italienische Petersilie

ANWEISUNGEN:
a) In einer großen mikrowellengeeigneten Schüssel das Öl 1 Minute lang auf höchster Stufe in der Mikrowelle erhitzen.
b) Süßkartoffeln, Reis, Zwiebeln, Salbei, Orangenschale und Muskatnuss unterrühren.
c) 1 Minute lang ohne Deckel in die Mikrowelle stellen. 1½ Tassen der Brühe einrühren.
d) 10 Minuten lang in der Mikrowelle erhitzen, dabei nach der Hälfte der Garzeit einmal umrühren.
e) Restliche ½ Tasse Brühe und Orangensaft unterrühren. 15 Minuten lang in der Mikrowelle erhitzen, dabei nach der Hälfte der Garzeit einmal umrühren.
f) Mit Salz und Pfeffer abschmecken. Mit Parmesan und Petersilie bestreuen.

39. Risotto mit Pilzen

ZUTATEN:
- 4½ Tasse Gemüsebrühe; oder mit Miso angereicherte Brühe, herzhaft
- 1 Esslöffel Natives Olivenöl extra
- ½ Tasse Rosen-Sushi-Reis
- ½ Tasse Willen
- Koscheres Salz
- Frisch gemahlener schwarzer Pfeffer
- ½ Tasse Enoki-Pilze
- ½ Tasse Gehackte Frühlingszwiebeln
- ¼ Tasse Rettichsprossen

ANWEISUNGEN:

a) Wenn Sie die mit Miso angereicherte Brühe verwenden, vermischen Sie 1 Esslöffel Miso mit 4½ Tassen Wasser und bringen Sie es zum Kochen. Hitze reduzieren und köcheln lassen.

b) In einem großen Topf das Olivenöl bei mittlerer bis hoher Hitze erhitzen. Den Reis unter ständigem Rühren in eine Richtung hinzufügen, bis er gut bedeckt ist. Nehmen Sie die Pfanne vom Herd und geben Sie den Sake hinzu.

c) Zurück zum Herd stellen und ständig in eine Richtung rühren, bis die gesamte Flüssigkeit aufgesogen ist. Fügen Sie die Brühe oder Brühe in Portionen von ½ Tasse hinzu und rühren Sie dabei ständig um, bis die gesamte Flüssigkeit bei jeder Zugabe aufgesogen ist.

d) Mit Salz und Pfeffer würzen. In Servierschüsseln verteilen, mit Pilzen, Frühlingszwiebeln und Sprossen garnieren und servieren.

e) Mit zarten Enoki-Pilzen, gehackten Frühlingszwiebeln und würzigen Radieschensprossen garnieren.

40. Blaubeerrisotto mit Steinpilzen

ZUTATEN:
- 8¾ Unze Frischer Steinpilz, in Scheiben geschnitten
- 1 klein Zwiebel; fein gehackt
- ¾ Unze Butter
- 5 Unzen Risottoreis; ungeschliffen
- 5½ Unze Blaubeeren
- ¼ Tasse Weißwein; trocken
- 1¾ Tasse Bouillon
- ¼ Tasse Olivenöl
- 1 Zweig Thymian
- 1 Knoblauchzehe; püriert
- 2 Unzen Butter

ANWEISUNGEN:

a) In einem Topf die Butter erhitzen und die Zwiebel anbraten. Reis und Heidelbeeren unterrühren, kurz anbraten. Mit Wein anfeuchten, kochen, bis es absorbiert ist; Mit Bouillon befeuchten und weich kochen. Ständig umrühren, bei Bedarf etwas Bouillon hinzufügen. Mit Salz und Pfeffer würzen.

b) In einer Pfanne das Öl erhitzen, Pilze, Knoblauch und Thymian anbraten. Butter unter das Risotto rühren. Auf warme Teller verteilen und mit Pilzen dekorieren.

41.Spargel-Pilz-Risotto

ZUTATEN:
- Oliven- oder Salatöl
- 1½ Pfund Die harten Enden des Spargels abschneiden und die Stangen in 3,8 cm große Stücke schneiden
- 2 Medien Karotten, in dünne Scheiben geschnitten
- ¼ Pfund Shiitake-Pilze, Stiele entfernt und Kappen in 0,6 cm dicke Scheiben geschnitten
- 1 mittel Zwiebel, gehackt
- 1 mittel Rote Paprika, in 2,5 cm lange, streichholzdünne Streifen geschnitten
- 2 Packungen (5,7 oz) Risotto-Mischung mit Primavera-Geschmack ODER Pilz-Geschmack
- Petersilienzweige zum Garnieren
- Geriebener Parmesankäse (optional)

ANWEISUNGEN:
a) In einem 4-Liter-Topf bei mittlerer bis hoher Hitze in 1 T heißem Oliven- oder Salatöl den Spargel goldbraun und zart-knusprig kochen. Den Spargel mit einem Schaumlöffel in die Schüssel geben.
b) In dem im Topf verbliebenen Öl und zusätzlichem heißem Oliven- oder Salatöl Karotten, Pilze und Zwiebeln kochen, bis das Gemüse gar ist knusprig und beginnt zu bräunen. Fügen Sie roten Pfeffer hinzu; unter Rühren 1 Minute kochen.
c) Risotto-Mischung und 4 °C warmes Wasser hinzufügen, bei starker Hitze zum Kochen bringen.
d) Reduzieren Sie die Hitze auf einen niedrigen Wert. abdecken und 20 Minuten köcheln lassen. Topf vom Herd nehmen. Spargel einrühren; Abdecken und 5 Minuten stehen lassen, damit der Reis Flüssigkeit aufnehmen kann.
e) Zum Servieren das Risotto auf einer Platte anrichten. Mit Petersilienzweigen garnieren.
f) Nach Belieben mit geriebenem Parmesan servieren.

42. Dinkelrisotto mit Pilzen

ZUTATEN:
- getrocknete Steinpilze 20g
- Pflanzenöl 2 Esslöffel
- Kastanienpilze 250g, in Scheiben geschnitten
- Zwiebel 1, fein gehackt
- Knoblauch 2 Zehen, fein gehackt
- Perldinkel 250g
- Weißwein ein Glas (optional)
- Gemüsebrühe 500 ml, heiß
- Weichkäse 2 Esslöffel
- Italienischer Hartkäse 25 g, fein gerieben, plus etwas Extra zum Servieren
- glatte Petersilie, ein kleiner Bund, Blätter zerrissen
- 1 Zitrone, abgeriebene Schale und ein Spritzer Saft

ANWEISUNGEN:
a) Geben Sie die getrockneten Steinpilze in eine kleine Schüssel und gießen Sie 250 ml frisch gekochtes Wasser darüber.
b) 1 Esslöffel Pflanzenöl in einer großen Bratpfanne bei starker Hitze erhitzen und die Kastanienpilze hinzufügen. 5-10 Minuten kochen lassen oder bis die gesamte Feuchtigkeit verdampft ist und sie karamellisiert sind.
c) Reduzieren Sie die Hitze und fügen Sie das restliche Öl, die Zwiebel, den Knoblauch und etwas Gewürze hinzu und kochen Sie es 5 Minuten lang sanft, bis es weich ist.
d) Den Dinkel dazugeben und verrühren, bis er vollständig mit Öl bedeckt ist. Den Wein (falls verwendet) dazugießen und kochen, bis er um 1/2 reduziert ist.
e) Steinpilze abgießen, Flüssigkeit auffangen, hacken und unter das Risotto rühren. Die Steinpilzflüssigkeit in die Brühe geben und löffelweise unter das Risotto rühren. 25 Minuten kochen lassen oder bis der Dinkel weich ist.
f) Den Weich- und Hartkäse unterrühren, gefolgt von der Petersilie.
g) Zum Servieren auf Schüsseln verteilen, etwas Zitronensaft darüberpressen, die Zitronenschale und nach Belieben zusätzlichen Käse darüberstreuen.

43. Muschelrisotto

ZUTATEN:

- 1,2 kg (2 Pfund) frische, lebende Muscheln, gründlich geschrubbt und gereinigt
- 6 Esslöffel natives Olivenöl extra
- 2 Knoblauchzehen, geschält und fein gehackt
- 600g reife, fleischige Tomaten,
- 350 g (l2 oz), vorzugsweise Arborio-Reis
- 1,2 Liter (2 Pints) Fischbrühe
- eine Handvoll frische, glatte Petersilie
- Meersalz und frisch gemahlener schwarzer Pfeffer
- 25 g ungesalzene Butter

ANWEISUNGEN:

a) Geben Sie alle sauberen Muscheln in eine breite, flache Pfanne. Setzen Sie einen Deckel auf die Pfanne und stellen Sie die Pfanne auf mittlere bis hohe Hitze.

b) Schütteln Sie die Pfanne über der Hitze, damit sich alle Muscheln öffnen.

c) Nach etwa 8 Minuten sind alle geöffneten Fenster geöffnet. Nehmen Sie die Muscheln heraus, sobald sie sich öffnen.

d) Nehmen Sie die Muscheln aus der Schale und werfen Sie alle bis auf die schönsten Muscheln weg, die Sie für die Dekoration aufbewahren können.

e) Die Flüssigkeit der Muscheln durch ein sehr feines Sieb passieren und beiseite stellen. Entsorgen Sie alle ungeöffneten und leeren Hüllen, die Sie nicht mehr benötigen.

f) Als nächstes braten Sie den Knoblauch und das Öl zusammen an, bis der Knoblauch blond ist, und fügen dann den gesamten Reis hinzu.

g) Gründlich vermischen, bis der Reis knisternd heiß und gut mit Öl und Knoblauch bedeckt ist. Geben Sie nun die Flüssigkeit der Muscheln und der Tomaten hinzu.

h) Mischen, bis der Reis die Flüssigkeit aufgesogen hat, dann nach und nach mit der heißen Fischbrühe aufgießen.

i) Ständig umrühren und erst dann mehr Brühe hinzufügen, wenn die vorherige Menge vom Reis aufgenommen wurde.

j) Auf diese Weise fortfahren, bis der Reis zu drei Vierteln gar ist, dann die gekochten Muscheln und die Petersilie hinzufügen.

k) Mit Salz und Pfeffer würzen und mit der Zugabe von Brühe fortfahren, umrühren und weitere Brühe hinzufügen, sobald der Reis die vorherige Brühe aufgesaugt hat.

l) Wenn der Reis cremig und samtig ist, die Körner in der Mitte aber noch fest sind, das Risotto vom Herd nehmen und die Butter unterrühren.

m) Abdecken und 2 Minuten ruhen lassen, dann auf eine vorgewärmte Platte geben, mit den beiseite gelegten Schalen dekorieren und sofort servieren.

44. Krabbenkuchen und Frühlingszwiebelrisotto

ZUTATEN:
- 300 Milliliter Wittlingfilet
- 2 Eier
- Salz und gemahlener weißer Pfeffer
- 1 Rote Chilli; entkernt und fein
- ; gehackt
- ½ Teelöffel Gemahlener Koriander
- ½ Teelöffel Gemahlener Ingwer
- Etwas fein abgeriebene Limettenschale
- 1 Schalotte; fein gehackt
- 85 Milliliter Doppelte Sahne
- 100 Gramm Weißes Krabbenfleisch
- Einfaches Mehl und trockene Semmelbrösel für
- ; Beschichtung
- 1 Esslöffel Olivenöl
- 2 Schalotten; fein gehackt
- 1 Knoblauchzehe; fein gehackt
- ½ Teelöffel Frischer Thymian; gehackt
- 200 Gramm Risottoreis
- 400 Milliliter Heiße Gemüsebrühe
- 2 Esslöffel Doppelte Sahne
- 100 Gramm Mascarpone
- 4 Frühlingszwiebeln; gehackt
- 75 Gramm Parmesan; gerieben
- 200 Gramm Pflaumentomaten; gehäutet, entkernt
- 3 Schalotten; fein gehackt
- 1 Rote Chilli; gesät
- 1 Knoblauchzehe; zerquetscht
- 4 Teelöffel Senfvinaigrette
- Pflanzenöl zum Frittieren
- 4 Esslöffel Chiliöl
- Kerbelzweige; zum Garnieren

ANWEISUNGEN:

a) Für Krabbenküchlein den Wittling mit 1 Ei glatt rühren. Salz, Pfeffer, Chili, Koriander, Ingwer, Limettenschale und Schalotte hinzufügen, dann die Sahne und das Krabbenfleisch unterheben.

b) In vier Teile teilen und zu Runden formen. Kühlen, bis es fest ist.

c) Mehl einrollen, mit dem restlichen Ei bestreichen, verquirlen und in Semmelbröseln wälzen. Nochmals mit Mehl, Ei und Krümeln bestreichen, dann die Krabbenkuchen bis zum Kochen kalt stellen.

d) Für Risotto das Öl in einer Pfanne erhitzen und Schalotten, Knoblauch und Thymian darin anbraten, bis sie weich sind. Den Reis dazugeben und 2-3 Minuten kochen lassen, dann mit der heißen Brühe aufgießen.

e) Unter häufigem Rühren 10–15 Minuten köcheln lassen, bis der Reis zart, aber noch etwas Biss ist.

f) Zum Servieren die Sahne einrühren und erneut erhitzen. Mascarpone, Frühlingszwiebeln und Parmesan hinzufügen und die Gewürze prüfen.

g) Für die Salsa alle Zutaten vermischen und kalt stellen.

h) Zum Servieren die Krabbenfrikadellen in heißem Öl goldbraun frittieren. Auf Küchenpapier abtropfen lassen. Geben Sie das heiße Risotto in die Mitte von vier Schüsseln und legen Sie jeweils einen Krabbenkuchen darauf. Auf jeden Krabbenkuchen etwas Salsa geben und das Chiliöl um das Risotto träufeln. Mit Kerbelzweigen garnieren.

45. Garnelen und süßes Cicely-Risotto

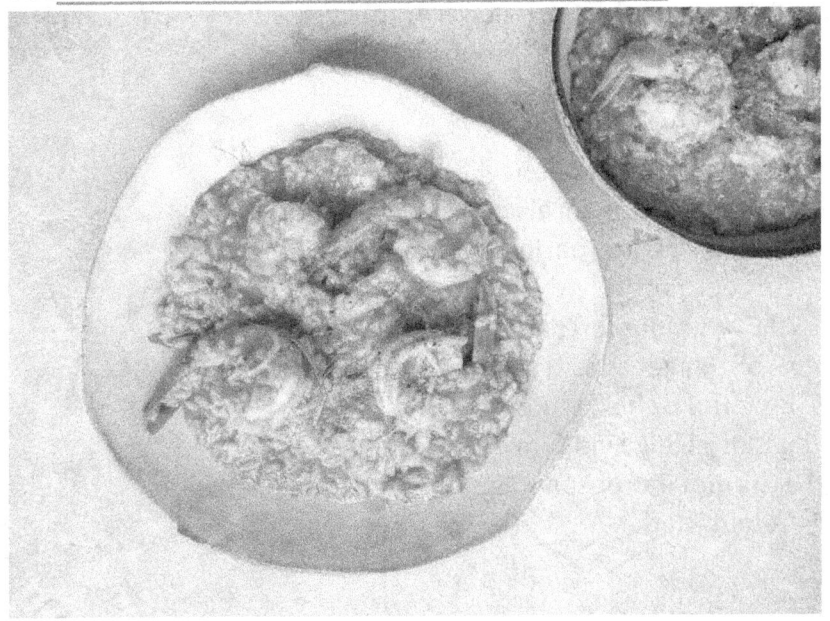

ZUTATEN:
- 550 Gramm Rohe Garnelen frontal
- 1¼ Liter Gemüse- oder Hühnerbrühe
- 85 Gramm Ungesalzene Butter
- 2 Schalotten; gehackt
- 2 Knoblauchzehen; gehackt
- 300 Gramm Risottoreis
- 1 klein Zweig Rosmarin ; 4 cm lang
- 1 Lorbeerblatt
- 250 Gramm Reife Tomaten , gehackt
- 1 Großzügiges Glas trockener Weißwein
- 2 Esslöffel Gehackte Petersilie
- 3 Esslöffel Süß und fein gehackt
- 30 Gramm Parmesan Käse; frisch gerieben
- Salz und Pfeffer

ANWEISUNGEN:

a) Die Garnelen schälen, das Fruchtfleisch behalten. Erhitzen Sie 15 g Butter in einer Pfanne, die groß genug ist, um Platz für die Brühe zu lassen.

b) Beim Aufschäumen die Garnelenschalen und -köpfe dazugeben und umrühren, bis sie eine hübsche Schalentierrosa-Farbe annehmen. Brühe und 600 ml/1 Pint Wasser hinzufügen und aufkochen. 30 Minuten köcheln lassen, um den Garnelengeschmack hervorzuheben, und abseihen.

c) Für die Garnelen: Wenn Sie eine schwarze Linie auf dem Rücken sehen können, machen Sie mit der Spitze eines scharfen Messers einen Schlitz in den Rücken und entfernen Sie den feinen schwarzen Darm direkt unter der Oberfläche. Wenn es sich um Tigergarnelen, Riesengarnelen oder große Garnelen handelt, halbieren oder dritteln Sie jede Garnele.

d) Kochen Sie die Brühe bei Bedarf noch einmal auf und reduzieren Sie die Hitze auf einen Faden, damit sie heiß bleibt und nicht verkocht. 45 g restliche Butter in einer breiten Pfanne schmelzen.

e) Schalotten und Knoblauch in der Butter ganz sanft anbraten, bis sie glasig sind, ohne zu bräunen. Rosmarin, Reis und Lorbeerblatt in die Pfanne geben und etwa eine Minute lang rühren, bis der Reis glasig wird.

f) Tomaten, Petersilie und Wein hinzufügen. Mit Salz und reichlich Pfeffer würzen und leicht köcheln lassen. Rühren Sie die Reismischung ständig um, bis die gesamte Flüssigkeit aufgesogen ist. Einen großzügigen Schöpflöffel Brühe dazugeben und rühren, bis alles aufgesogen ist.

g) Wiederholen Sie den Vorgang, bis der Reis zart, aber leicht fest, aber definitiv nicht kreidig ist. Die Konsistenz sollte fast suppig sein, da noch ein paar Minuten Zeit sind.

h) Die Zeit, bis die Flüssigkeit aufgesogen ist und der Reis gar ist, sollte etwa 20-25 Minuten betragen.

i) Zum Schluss die Garnelen und die süße Sahne unterrühren und unter Rühren weitere 2-3 Minuten kochen, bis die Garnelen rosa geworden sind. Restliche Butter und Parmesan unterrühren, abschmecken, nachwürzen und servieren.

46. Pesto -Walnuss-Risotto

ZUTATEN:
- 1½ Esslöffel Pflanzenöl
- ¾ Tasse Zwiebel, gehackt
- 1 Tasse Arborioreis
- 3 Tassen Fettarme Hühnerbrühe
- ¼ Tasse Fast fettfreies Pesto
- ½ Tasse Walnüsse
- ¾ Tasse Parmesan Käse
- Frisch gemahlener schwarzer Pfeffer

ANWEISUNGEN:
a) Öl in einer mikrowellengeeigneten 2-Liter-Schale auf höchster Stufe 2 Minuten lang erhitzen.
b) Zwiebeln hinzufügen und 2:30 Minuten auf höchster Stufe kochen. Reis einrühren, mit Öl bestreichen und 1:30 kochen. 2 Tassen Brühe hinzufügen und 14 Minuten lang auf höchster Stufe kochen, dabei einmal umrühren.
c) Restliche Brühe und Pesto hinzufügen und 12 Minuten kochen lassen, dabei einmal umrühren. Testen Sie den Gargrad während der letzten Minuten des Garvorgangs.
d) Aus der Mikrowelle nehmen und Walnüsse und Parmesan unterrühren. Sofort servieren.

47. Acht-Kräuter-Risotto

ZUTATEN:
- Natives Olivenöl extra
- 1 Knoblauchzehe
- 7 Unzen Antihaft-Reis
- 1 Tasse Weißwein
- 4 Geschälte Tomaten; gehackt
- Salz
- 1 Ein Stück Butter
- 4 Esslöffel Parmesankäse
- 3 Esslöffel Creme
- 6 Basilikumblätter
- 4 Salbeiblätter
- 1 Büschel Petersilie
- Ein paar Nadeln frischer Rosmarin
- 1 Prise Thymian
- 1 Büschel Schnittlauch
- 3 Frische Dillzweige

ANWEISUNGEN:
a) Die Kräuter fein hacken und zusammen mit dem Knoblauch in etwas Olivenöl leicht anbraten.
b) In der Zwischenzeit die gehackten Tomaten in Salzwasser kochen.
c) Den Knoblauch herausnehmen und den Reis hinzufügen, kurz anbraten und eine Tasse Weißwein hinzufügen.
d) Wenn die Flüssigkeit verdampft ist, die gehackten Tomaten hinzufügen.
e) Zum Schluss ein Stück Butter, reichlich Parmigiano und ein paar Löffel Sahne hinzufügen.

PROSCIUTTO

48.Gebackene Prosciutto-Eierbecher

ZUTATEN:
- 1 Esslöffel Olivenöl
- 12 Scheiben Prosciutto
- 12 große Eier
- 2 Tassen Babyspinat
- Salz und Pfeffer

ANWEISUNGEN:
a) Backofen auf 400 Grad vorheizen.
b) Jedes Fach der Muffinform mit Olivenöl bestreichen. Legen Sie eine Scheibe Prosciutto in jedes Fach und drücken Sie darauf, um sicherzustellen, dass die Seiten und der Boden vollständig bedeckt sind (möglicherweise müssen Sie den Prosciutto in mehrere Stücke zerreißen, damit er leichter eine Tassenform erhält).
c) Geben Sie 2-3 Babyspinatblätter in jede Tasse und belegen Sie sie mit einem Ei. Nach Geschmack mit Salz und Pfeffer bestreuen.
d) Für ein Eigelb 12 Minuten backen, für ein härteres Eigelb bis zu 15 Minuten.

49.Prosciutto-Ei-Frühstücks-Wrap

ZUTATEN:
- 4 große Eier
- 4 Scheiben Prosciutto
- ¼ Tasse geriebener Cheddar-Käse
- ½ Tasse Babyspinatblätter
- Salz und Pfeffer nach Geschmack
- 4 große Mehl-Tortillas

ANWEISUNGEN:
a) In einer Schüssel die Eier verquirlen und mit Salz und Pfeffer würzen.
b) Erhitzen Sie eine beschichtete Pfanne bei mittlerer Hitze und gießen Sie die geschlagenen Eier hinein.
c) Kochen Sie die Eier unter gelegentlichem Rühren, bis sie verrührt und vollständig gekocht sind.
d) Legen Sie die Mehl-Tortillas aus und verteilen Sie das Rührei gleichmäßig darauf.
e) Belegen Sie jede Tortilla mit einer Scheibe Prosciutto, etwas geriebenem Cheddar-Käse und einer Handvoll Babyspinatblättern.
f) Rollen Sie die Tortillas fest auf und stecken Sie dabei die Seiten ein.
g) Erhitzen Sie eine saubere Pfanne bei mittlerer Hitze und legen Sie die Wraps mit der Nahtseite nach unten auf die Pfanne.
h) Die Wraps auf jeder Seite einige Minuten anbraten, bis sie leicht gebräunt sind und der Käse geschmolzen ist.
i) Aus der Pfanne nehmen und heiß servieren.

50.Prosciutto-Käse-Omelett

ZUTATEN:
- 4 große Eier
- 4 Scheiben Prosciutto, gehackt
- ½ Tasse geriebener Mozzarella-Käse
- ¼ Tasse gehacktes frisches Basilikum
- Salz und Pfeffer nach Geschmack
- 2 Esslöffel Olivenöl

ANWEISUNGEN:
a) In einer Schüssel die Eier verquirlen und mit Salz und Pfeffer würzen.
b) Olivenöl in einer beschichteten Pfanne bei mittlerer Hitze erhitzen.
c) Gießen Sie die geschlagenen Eier in die Pfanne und lassen Sie sie ein oder zwei Minuten kochen, bis die Ränder fest werden.
d) Streuen Sie den gehackten Prosciutto, den geriebenen Mozzarella-Käse und das gehackte Basilikum über eine Hälfte des Omeletts.
e) Die andere Hälfte des Omeletts über die Füllung klappen und eine weitere Minute kochen lassen, bis der Käse geschmolzen ist.
f) Das Omelett auf einen Teller schieben und in Spalten schneiden.
g) Heiß servieren.

51. Prosciutto und Tomaten-Frittata

ZUTATEN:
- 8 große Eier
- 4 Scheiben Prosciutto, gehackt
- 1 Tasse Kirschtomaten, halbiert
- ½ Tasse geriebener Gruyère-Käse
- ¼ Tasse gehackte frische Petersilie
- Salz und Pfeffer nach Geschmack
- 2 Esslöffel Olivenöl

ANWEISUNGEN:
a) Heizen Sie Ihren Backofen auf 375 °F (190 °C) vor.
b) In einer Schüssel die Eier verquirlen und mit Salz und Pfeffer würzen.
c) Olivenöl in einer ofenfesten Pfanne bei mittlerer Hitze erhitzen.
d) Den gehackten Prosciutto und die Kirschtomaten in die Pfanne geben und einige Minuten braten, bis die Tomaten weich sind.
e) Gießen Sie die geschlagenen Eier über den Prosciutto und die Tomaten in die Pfanne.
f) Streuen Sie den geriebenen Gruyère-Käse und die gehackte Petersilie gleichmäßig über die Eier.
g) Stellen Sie die Pfanne in den vorgeheizten Ofen und backen Sie sie etwa 15 Minuten lang oder bis die Frittata fest und goldbraun ist.
h) Aus dem Ofen nehmen und vor dem Schneiden etwas abkühlen lassen.
i) Warm oder bei Zimmertemperatur servieren.

52. Basilikum-Hähnchen

ZUTATEN:
- 4 Hähnchenbrusthälften ohne Haut und Knochen
- ½ Tasse zubereitetes Basilikumpesto, geteilt
- 4 dünne Scheiben Prosciutto, bei Bedarf auch mehr

ANWEISUNGEN:
a) Bestreichen Sie eine Auflaufform mit Öl und stellen Sie den Ofen auf 400 Grad ein, bevor Sie etwas anderes tun.
b) Belegen Sie jedes Hähnchenstück mit 2 Esslöffeln Pesto und bedecken Sie jedes mit einem Stück Prosciutto.
c) Dann alles in die Form geben.
d) Alles 30 Minuten im Ofen garen, bis das Hähnchen gar ist.
e) Genießen.

53. Wachtel auf Gemüse- und Schinkenstreifen

ZUTATEN:
- 4 Esslöffel Pflanzenöl
- 1 Teelöffel gehackter frischer Ingwer
- 3 Wachteln, geteilt
- Salz und Pfeffer
- 4 Esslöffel Hühnerbrühe
- 1 mittelgroße Zucchini, in dünne Streifen geschnitten
- 1 Karotte, abgekratzt und in dünne Streifen geschnitten
- 4 ganze Frühlingszwiebeln, in dünne Streifen geschnitten
- 2 große Brokkolistängel, geschält und in dünne Streifen geschnitten
- 2 Unzen Landschinken oder Prosciutto, in dünne Streifen geschnitten

ANWEISUNGEN:
a) In einer großen Pfanne oder einem Wok 2 Esslöffel Öl mit dem Ingwer erhitzen.
b) Die Wachteln von allen Seiten anbraten. Salzen und pfeffern Sie sie. Etwas Brühe hinzufügen, abdecken und 15 Minuten lang langsam im Dampf schmoren.
c) Die Wachteln mit dem Saft herausnehmen und warm halten.

54.Schinken-Rucola-Pizza

ZUTATEN:
- 1 Pfund Pizzateig, bei Zimmertemperatur, geteilt
- 2 Esslöffel Olivenöl
- ½ Tasse Tomatensauce
- 1 ½ Tassen geriebener Mozzarella-Käse (6 Unzen)
- 8 dünne Scheiben Prosciutto
- Ein paar große Handvoll Rucola

ANWEISUNGEN:

a) Wenn Sie einen Pizzastein haben, legen Sie ihn auf einen Rost in der Mitte des Ofens. Heizen Sie den Ofen mindestens 30 Minuten lang auf 550 °F (oder maximale Ofentemperatur) vor.

b) Wenn Sie die Pizza auf einen Stein im Ofen legen, legen Sie sie auf eine gut bemehlte Schale oder ein Schneidebrett. Andernfalls montieren Sie es auf der Oberfläche, auf der Sie kochen möchten (Pergamentpapier, Backblech usw.). Rollen oder strecken Sie jeweils ein Teigstück zu einem 10 bis 12 Zoll großen Kreis.

c) Die Teigränder mit 1 EL Olivenöl bestreichen. Die Hälfte der Tomatensauce auf dem restlichen Teig verteilen.

d) Mit etwa ¼ des Käses bestreuen. Legen Sie 4 Prosciutto-Scheiben so darauf, dass sie den Teig gleichmäßig bedecken. Mit einem weiteren Viertel des Käses bestreuen.

e) Backen Sie die Pizza, bis die Ränder leicht gebräunt sind und der Käse Blasen bildet und stellenweise gebräunt ist, etwa 6 Minuten bei 550 °F.

f) Aus dem Ofen nehmen, auf ein Schneidebrett legen, die Hälfte des Rucola darüber streuen, schneiden und sofort servieren.

g) Mit dem restlichen Teig und den restlichen Belägen wiederholen.

55.Vier-Jahreszeiten-Pizza/Quattro Stagioni

ZUTATEN:
g) 1 Rezept für traditionellen italienischen Grundteig
h) Mozzarella, 6 Unzen, in Scheiben geschnitten
i) Prosciutto, 3 Unzen, in Scheiben geschnitten
j) Shiitake-Pilz, eine Tasse, in Scheiben geschnitten
k) Oliven, ½ Tasse, in Scheiben geschnitten
l) Pizzasauce, eine halbe Tasse
m) Geviertelte Artischockenherzen, eine Tasse
n) Geriebener Parmigiana, 2 Unzen

ANWEISUNGEN:
a) Formen Sie den Teig zu einem Kreis mit einem Durchmesser von 14 Zoll. Halten Sie dazu die Ränder fest und drehen und dehnen Sie den Teig vorsichtig.
b) Den Teig mit Pizzasoße bestreichen.
c) Die Mozzarellascheiben gleichmäßig darauf verteilen.
d) Später die Artischockenherzen, Prosciutto, Pilze und Oliven in vier Viertel der Pizza.
e) Den geriebenen Parmigiana darüber streuen.
f) 18 Minuten grillen/backen.

56. Hühnchen und Prosciutto mit Rosenkohl

ZUTATEN:
- 2 Pfund Hähnchenfilets
- 4 Unzen Prosciutto
- 12 Unzen Rosenkohl
- ½ Tasse Hühnerbrühe
- 1 ½ Tassen Sahne
- 1 Teelöffel gehackter Knoblauch
- 1 Zitrone, geviertelt und entkernt
- Ghee oder Kokosöl zum Braten

ANWEISUNGEN:
a) Ofen auf 400 Grad F vorheizen.
b) Den Rosenkohl halbieren und 5 Minuten kochen lassen. Vom Herd nehmen und beiseite stellen.
c) In einer Bratpfanne ½ Tasse Hühnerbrühe hinzufügen und auf mittlerer Stufe zum Kochen bringen. Danach Sahne, gehackten Knoblauch und Zitrone hinzufügen und unter häufigem Rühren 5–10 Minuten köcheln lassen. Vom Herd nehmen und beiseite stellen.
d) In einer separaten Bratpfanne etwas Ghee erhitzen und das Hähnchen hinzufügen. Bei mittlerer bis hoher Hitze einige Minuten kochen lassen und dann gehackten Prosciutto hinzufügen, bis das Huhn gar ist.
e) In einer kleinen Auflaufform (9×9) von unten nach oben schichten: Rosenkohl, Hühnchen, Prosciutto und Zitronen-Sahnesauce darauf.
f) Im vorgeheizten Ofen 20 Minuten backen. Heiß servieren.

57. Fettuccine mit Prosciutto und Spargel

ZUTATEN:
- ½ Pfund Spargel, in 1-Zoll-Stücken.
- 2 Esslöffel Butter
- ½ Tasse Zwiebel, gehackt
- 4 Unzen Prosciutto
- 1 Esslöffel Butter
- 1 Esslöffel Mehl
- ½ Tasse Sahne
- 1 Pfund Fettuccine
- ½ Tasse Parmesankäse frisch gerieben
- Frisch gemahlener Pfeffer

ANWEISUNGEN:
a) Den Spargel kochen, bis er weich ist; Abfluss. Reduzieren Sie das Kochwasser auf ½ Tasse. Die Butter in einer Pfanne bei mittlerer Hitze schmelzen.
b) Die Zwiebel hinzufügen und kochen, bis sie duftet. Prosciutto einrühren und anbraten.
c) Aus Mehl und Butter eine Mehlschwitze herstellen; Fügen Sie das reservierte Spargelwasser und die Sahne hinzu.
d) Rühren und erhitzen, bis die Soße eindickt.
e) Spargel und Prosciutto dazugeben und unterrühren. In der Zwischenzeit die Nudeln kochen.
f) Wenn die Nudeln al dente gekocht sind, abgießen und mit der Soße vermischen, den geriebenen Käse dazugeben.
g) Servieren und mit frisch geriebenem Pfeffer abschmecken.

58. Fusilli mit Prosciutto und Erbsen

ZUTATEN:
- 2 Esslöffel Olivenöl
- 2 Esslöffel Butter
- 1 gehackte Karotte
- 1 gehackte Selleriestange
- 1 gehackte kleine Zwiebel
- 6 dünne Scheiben Prosciutto – gehackt
- ½ Tasse Weißwein
- 24 Unzen passierte Tomaten
- 1 Tasse Erbsen
- 1 Pfund gekochte Fusilli-Nudeln

ANWEISUNGEN:

a) Olivenöl und Butter in einem großen Soßentopf erhitzen. Fügen Sie die gehackte Karotte, den Sellerie und die Zwiebel hinzu. Kurz anbraten, bis es weich ist.

b) Prosciutto, Weißwein und passierte Tomaten hinzufügen.

c) Bei schwacher Hitze etwa 30 Minuten kochen lassen, um die Aromen zu verbinden. Mit den Erbsen abschließen und umrühren.

d) Die heißen Nudeln mit der Soße vermischen. Mit frischem Basilikum und Parmesankäse garnieren.

59. Fusilli mit Shiitake, Broccoli Rabe und Prosciuttosauce

ZUTATEN:
- 1 Pfund Fusilli-Nudeln
- 1 Pfund Broccoli Rabe; getrimmt und in 1-Zoll-Stücke geschnitten

FÜR DIE SOSSE
- ½ Tasse Olivenöl
- ½ Tasse gehackte Schalotten
- 1 Knoblauchzehe; gehackt
- 6 Unzen Shiitake-Pilze – (bis 8 Unzen); getrimmt, in Scheiben geschnitten
- 6 Unzen Prosciutto oder ähnlicher Rohschinken – (bis 8 Unzen); Kleine Würfel oder Streifen schneiden
- ½ Teelöffel getrocknete scharfe rote Paprikaflocken (auf 1 Teelöffel); oder nach Geschmack
- ⅓ Tasse Hühnerbrühe oder Brühe
- 2 Esslöffel gehackte frische Petersilie
- 2 Esslöffel gehackter frischer Schnittlauch
- 2 Esslöffel frischer Estragon

GARNIERUNG
- Frisch geriebener Parmesankäse; (Optional)
- Sonnengetrocknete Tomaten; (Optional)

ANWEISUNGEN:

a) Bereiten Sie zunächst die Soße zu. In einer Pfanne Öl erhitzen. Schalotten hinzufügen und unter Rühren 1 Minute kochen.

b) Dann die Pilze hinzufügen und unter gelegentlichem Rühren 5 Minuten lang kochen, bis die Pilze leicht goldbraun sind.

c) Nun Knoblauch, Prosciutto und rote Paprikaflocken einrühren und 30 Minuten kochen lassen, dann Hühnerbrühe oder Brühe hinzufügen und 1 Minute köcheln lassen.

d) Bringen Sie für Ihre Nudeln einen großen Topf Wasser zum Kochen.

e) Wenn das Wasser fertig ist, fügen Sie Ihre Nudeln hinzu. Denken Sie daran, mit der Kochzeit zu beginnen, wenn das Wasser wieder kocht, und nicht, wenn Sie die Nudeln hinzufügen.

f) Kochen Sie Ihre Nudeln gemäß den Anweisungen in der Packung. Nach 6 Minuten Garzeit geben Sie den Broccoli Rabe zu den Nudeln hinzu.

g) Nudeln und Broccoli Rabe in einem Sieb abtropfen lassen und auf eine Servierplatte geben. Mit Soße aufgießen und gut verrühren. Nach Belieben garnieren.

60. Pappardelle mit Prosciutto und Erbsen

ZUTATEN:
- ¼ Tasse gehackter Schinken
- 1 Tasse Erbsen
- 1 Tasse Sahne
- 1 Tasse Halb und halb
- ⅓ Tasse geriebener Asiago-Käse
- 1 Pfund Lasagne-Nudeln

ANWEISUNGEN:
a) Eine große Bratpfanne erhitzen, bis sie heiß ist.
b) Den gehackten Prosciutto dazugeben und etwa drei Minuten kochen lassen, bis er weich, aber nicht knusprig ist.
c) Die Erbsen dazugeben und umrühren. Gießen Sie die Sahne zur Hälfte hinein. Den Asiago-Käse hinzufügen und die Hitze auf eine niedrige Stufe reduzieren.
d) Lassen Sie die Sauce fünf Minuten lang köcheln und rühren Sie dabei häufig um, damit der Käse schmilzt und die Sahne leicht eindickt.
e) Pfeffern.
f) Um Pappardelle zuzubereiten, nehmen Sie die Lasagnenudeln und schneiden Sie sie in etwa 2,5 cm breite Streifen.
g) Die Streifen in kochendes Salzwasser geben und kochen, bis sie weich sind.
h) Zum Servieren die gekochten Nudeln mit der Käsesauce vermengen.

61. Salami und Brie Crostini

ZUTATEN:
- 1 französisches Baguette, in 4-6 dicke Stücke geschnitten
- 8-Unzen-Runde Brie-Käse, in dünne Scheiben geschnitten
- 4-Unzen-Packung Prosciutto
- ½ Tasse Cranberrysauce
- ¼ Tasse Olivenöl
- Frische Minze

Balsamico-Glasur:
- 2 Esslöffel brauner Zucker
- ¼ Tasse Balsamico-Essig

ANWEISUNGEN:
Balsamico-Glasur:
a) In einem Topf bei schwacher Hitze braunen Zucker und eine Tasse Balsamico-Essig hinzufügen.
b) Köcheln lassen, bis der Essig eingedickt ist.
c) Nehmen Sie die Glasur vom Herd und lassen Sie sie abkühlen. Beim Abkühlen wird es dicker.

MONTIEREN:
d) Das Baguette leicht mit Olivenöl bestreichen und 8 Minuten im Ofen rösten.
e) Den Brie auf dem Brot verteilen.
f) Geben Sie einen großzügigen Teelöffel Preiselbeersauce und Prosciutto darüber.
g) Mit einem Spritzer Balsamico-Glasur und anschließend mit Minzblättern belegen.
h) Sofort servieren.

62.Schinken und Mozarella-Bruschetta

ZUTATEN:
h) ½ Tasse fein gehackte Tomaten
i) 3 Unzen gehackter Mozzarella
j) 3 Schinkenscheiben, gehackt
k) 1 Esslöffel Olivenöl
l) 1 Teelöffel getrocknetes Basilikum
m) 6 kleine Scheiben französisches Brot

ANWEISUNGEN:
a) Heizen Sie die Heißluftfritteuse auf 350 Grad F vor. Legen Sie die Brotscheiben ein und rösten Sie sie 3 Minuten lang. Das Brot mit Tomaten, Prosciutto und Mozzarella belegen. Das Basilikum über den Mozzarella streuen. Mit Olivenöl beträufeln.
b) Zurück in die Heißluftfritteuse und noch 1 Minute garen, bis es geschmolzen und warm ist.

63. Minzige Garnelenhäppchen

ZUTATEN:
- 2 Esslöffel Olivenöl
- 10 Unzen Garnelen, gekocht
- 1 Esslöffel Minze, gehackt
- 2 Esslöffel Erythrit
- ⅓ Tasse Brombeeren, gemahlen
- 2 Teelöffel Currypulver _ _
- 11 Prosciutto-Scheiben
- ⅓ Tasse Gemüsebrühe

ANWEISUNGEN:
a) Beträufeln Sie jede Garnele mit Öl, nachdem Sie sie in Prosciutto-Scheiben gewickelt haben.
b) Kombinieren Sie in Ihrem Instant-Topf Brombeeren, Curry, Minze , Brühe und Erythrit, rühren Sie um und kochen Sie es 2 Minuten lang bei schwacher Hitze.
c) Den Dampfkorb und die eingewickelten Garnelen in den Topf geben, abdecken und 2 Minuten auf höchster Stufe garen.
d) Legen Sie die eingewickelten Garnelen auf einen Teller und beträufeln Sie sie vor dem Servieren mit Minzsauce.

64. Birnen-, Rettich-Microgreen- und Prosciutto-Happen

ZUTATEN:
- 8 Unzen weicher Ziegenkäse
- 6 Unzen Prosciutto, in Streifen geschnitten
- 2-Unzen-Packung Radieschen-Microgreens
- ¼ Tasse frisch gepresster Zitronensaft
- 2 Birnen, in Scheiben geschnitten

ANWEISUNGEN:
a) Jede Birnenscheibe mit Zitronensaft beträufeln.
b) Auf einer Hälfte der Birnenscheibe ¼ Teelöffel weichen Ziegenkäse verteilen und die Zutaten abwechselnd mit der anderen Hälfte vermischen.
c) Verteilen Sie einen weiteren ¼ Teelöffel weichen Ziegenkäse auf der oberen Birnenscheibe, gefolgt von einem gefalteten Streifen Prosciutto und einem Klecks weichem Ziegenkäse, dann die Radieschen-Microgreens.
d) Die restlichen Birnenscheiben zusammensetzen und mit weiteren Radieschen-Microgreens obendrauf servieren.

65. Muffin-Schinkenbecher

ZUTATEN:

- 1 Scheibe Prosciutto (ca. ½ Unze)
- 1 mittelgroßes Eigelb
- 3 Esslöffel gewürfelter Brie
- 2 Esslöffel gewürfelter Mozzarella-Käse
- 3 Esslöffel geriebener Parmesankäse

ANWEISUNGEN:

a) Ofen auf 350°F vorheizen. Nehmen Sie eine Muffinform mit Vertiefungen von etwa 2½ Zoll Breite und 1½ Zoll Tiefe heraus.
b) Falten Sie die Prosciutto-Scheibe in der Mitte, sodass sie fast quadratisch wird. Legen Sie es in eine Muffinform, sodass es vollständig ausgekleidet ist.
c) Geben Sie das Eigelb in eine Prosciutto-Tasse.
d) Den Käse vorsichtig auf das Eigelb geben, ohne es zu zerbrechen.
e) Etwa 12 Minuten backen, bis das Eigelb gar und warm, aber noch flüssig ist.
f) Vor dem Herausnehmen aus der Muffinform 10 Minuten abkühlen lassen.

66. Avocado-Schinkenbällchen

ZUTATEN:
- ½ Tasse Macadamianüsse
- ½ große Avocado geschält und entkernt (ca. 4 Unzen Fruchtfleisch)
- 1 Unze gekochter Prosciutto, zerkrümelt
- ¼ Teelöffel schwarzer Pfeffer

ANWEISUNGEN:
a) In einer kleinen Küchenmaschine Macadamia-Nüsse zerkleinern, bis sie gleichmäßig zerkrümelt sind. In zwei Hälften teilen.
b) In einer kleinen Schüssel Avocado, die Hälfte der Macadamia-Nüsse, Prosciutto-Streusel und Pfeffer vermischen und mit einer Gabel gut vermischen.
c) Aus der Masse 6 Kugeln formen.
d) Die restlichen zerbröckelten Macadamia-Nüsse auf einen mittelgroßen Teller geben und einzelne Kugeln darin rollen, bis sie gleichmäßig bedeckt sind.
e) Sofort servieren.

SÜSSIGKEITEN UND DESSERTS

67. Gubana (süß gefülltes Gebäck)

ZUTATEN:
- 500g Mehl
- 200 g ungesalzene Butter
- 100g Zucker
- 3 Eier
- 1 Tasse Milch
- 1 Tasse gehackte Nüsse (Walnüsse und Haselnüsse)
- 1 Tasse Rosinen
- 1/2 Tasse Honig
- Schale von 1 Orange
- 1 TL Zimt

ANWEISUNGEN:

a) Aus Mehl, Butter, Zucker, Eiern und Milch einen Teig herstellen.
b) Den Teig zu einem Rechteck ausrollen.
c) Nüsse, Rosinen, Honig, Orangenschale und Zimt mischen.
d) Die Füllung auf dem Teig verteilen und aufrollen.
e) In eine gefettete Backform geben und bei 180 °C (350 °F) etwa 45 Minuten backen.
f) Lassen Sie es abkühlen, bevor Sie es in Scheiben schneiden.

68. Apfel und Ricotta Crostata

ZUTATEN:
- 1 Blatt Blätterteig
- 1 Tasse Ricotta-Käse
- 2 Esslöffel Zucker
- 2 Äpfel, in dünne Scheiben geschnitten
- 1 Esslöffel Zitronensaft
- 1 Esslöffel Aprikosenmarmelade (zum Glasieren)

ANWEISUNGEN:
a) Backofen auf 200 °C (400 °F) vorheizen.
b) Blätterteig ausrollen und auf ein Backblech legen.
c) Ricotta-Käse mit Zucker vermischen und auf dem Teig verteilen.
d) Apfelscheiben mit Zitronensaft beträufeln und darauf verteilen.
e) Falten Sie die Teigränder über die Äpfel.
f) 20-25 Minuten backen oder bis es goldbraun ist.
g) Aprikosenmarmelade erwärmen und als Glasur über die Äpfel streichen.

69. Trentino-Apfelkuchen (Torta di Mele Trentina)

ZUTATEN:
- 2-3 Äpfel, geschält und in Scheiben geschnitten
- 2 Tassen Allzweckmehl
- 1 Tasse Zucker
- 1/2 Tasse ungesalzene Butter, geschmolzen
- 1/2 Tasse Milch
- 3 Eier
- 1 Esslöffel Backpulver
- Schale von 1 Zitrone
- Puderzucker zum Bestäuben

ANWEISUNGEN:
a) Backofen auf 180 °C (350 °F) vorheizen. Eine Kuchenform einfetten und bemehlen.
b) In einer Schüssel Mehl, Zucker, zerlassene Butter, Milch, Eier, Backpulver und Zitronenschale glatt rühren.
c) Den Teig in die vorbereitete Form füllen.
d) Apfelscheiben darauf anrichten.
e) 40-45 Minuten backen oder bis ein Zahnstocher sauber herauskommt.
f) Abkühlen lassen und vor dem Servieren mit Puderzucker bestäuben.

70.Venezianische frittierte Sahne

ZUTATEN:
- 4 große Eier, getrennt
- 3/4 Tasse Zucker
- 1/2 TL Vanilleextrakt
- 1 1/2 Tassen Allzweckmehl
- Schale von einer halben Zitrone
- 4 Tassen Vollmilch, erwärmt
- 6 EL ungewürzte Semmelbrösel
- Pflanzenöl zum Braten

ANWEISUNGEN:
a) In einer großen Rührschüssel Eigelb, Zucker und Vanille 5 Minuten lang verquirlen.
b) Nach und nach Mehl und Zitronenschale hinzufügen.
c) Die Milch in dünnen Strahlen hinzufügen.
d) Geben Sie die Mischung in einen mittelgroßen Topf.
e) Stellen Sie die Hitze auf mittlere Flamme und rühren Sie, bis die Mischung eindickt. Nicht zum Kochen bringen, sonst gerinnt die Milch.
f) Nehmen Sie den Topf vom Herd und gießen Sie den Inhalt auf eine Arbeitsfläche, vorzugsweise Marmor.
g) Verteilen Sie die Mischung mit einem Messer in Form eines etwa 2,5 cm dicken Rechtecks.
h) Lassen Sie die Mischung abkühlen.
i) Schneiden Sie die Mischung in 5 cm große Diagonalen.
j) In einer mittelgroßen Schüssel das Eiweiß aufschlagen.
k) Die Semmelbrösel in eine separate Schüssel geben.
l) Die Rauten in das Eiweiß und dann in die Semmelbrösel geben.
m) Das Öl in einer großen Bratpfanne erhitzen.
n) Im Öl von beiden Seiten goldbraun braten.
o) Warm servieren

71. Panna Cotta mit Karamellsauce

ZUTATEN: :
- 1 Tasse Zucker
- 1 Tasse Wasser; oder mehr
- 1 Tasse Wasser
- 2 Esslöffel Wasser
- 4 Teelöffel geschmacksneutrale Gelatine
- 5 Tassen Schlagsahne
- 1 Tasse Milch
- 1 Tasse Puderzucker
- 1 Vanilleschote; der Länge nach teilen

ANWEISUNGEN:
FÜR DIE SAUCE:

a) Kombinieren Sie 1 Tasse Zucker und ½ Tasse Wasser in einem schweren mittelgroßen Soßentopf bei schwacher Hitze. Rühren, bis sich der Zucker auflöst. Erhöhen Sie die Hitze und kochen Sie ohne Rühren, bis der Sirup bernsteinfarben wird. Schwenken Sie dabei gelegentlich die Pfanne und bürsten Sie die Seiten mit einem feuchten Backpinsel ab (ca. 8 Minuten). Pfanne vom Herd nehmen.

b) Fügen Sie vorsichtig eine halbe Tasse Wasser hinzu. Bringen Sie die Pfanne wieder zum Erhitzen und bringen Sie sie unter Rühren etwa 2 Minuten lang zum Kochen, um alle Karamellstückchen aufzulösen.

c) Cool.

FÜR PUDDING:

d) Gießen Sie 2 Esslöffel Wasser in eine kleine Schüssel. Mit Gelatine bestreuen. Etwa 10 Minuten stehen lassen, bis es weich ist. Sahne, Milch und Zucker in einem großen, schweren Topf verrühren. Die Samen der Vanilleschote herausschaben; Bohnen hinzufügen.

e) Unter häufigem Rühren zum Kochen bringen. Vom Herd nehmen. Gelatinemischung hinzufügen und umrühren, bis sie sich auflöst. Vanilleschote entfernen. Die Mischung in eine Schüssel geben. Stellen Sie die Schüssel über eine größere Schüssel mit Eiswasser. Unter gelegentlichem Rühren etwa 30 Minuten stehen lassen, bis es abgekühlt ist. Den Pudding gleichmäßig auf sechs 10-Unzen-Puddingbecher verteilen. Abdecken und über Nacht kühl stellen.

f) Den Pudding auf Teller verteilen. Mit Karamellsauce beträufeln und servieren.

72.Schokoladen-Panna Cotta

ZUTATEN: :
- 500 ml Sahne
- 10 g Gelatine
- 70 g schwarze Schokolade
- 2 Esslöffel Joghurt
- 3 Esslöffel Zucker
- eine Prise Salz

ANWEISUNGEN:
a) Gelatine in einer kleinen Menge Sahne einweichen.
b) Gießen Sie die restliche Sahne in einen kleinen Topf. Zucker und Joghurt unter gelegentlichem Rühren zum Kochen bringen, aber nicht kochen. Nehmen Sie die Pfanne vom Herd.
c) Schokolade und Gelatine einrühren, bis sie vollständig aufgelöst sind.
d) Den Teig in die Formen füllen und 2-3 Stunden kalt stellen.
e) Um die Panna Cotta aus der Form zu lösen, lassen Sie sie einige Sekunden lang unter heißem Wasser laufen, bevor Sie das Dessert herausnehmen.
f) Nach Belieben dekorieren und servieren!

73.Karamelpudding

ZUTATEN:
- ½ Tasse Kristallzucker
- 1 Teelöffel Wasser
- 4 Eigelb oder 3 ganze Eier
- 2 Tassen Milch, gebrüht
- ½ Teelöffel Vanilleextrakt

ANWEISUNGEN:
a) In einer großen Pfanne 6 Esslöffel Zucker und 1 Tasse Wasser vermischen. Bei schwacher Hitze erhitzen und gelegentlich mit einem Holzlöffel schütteln oder schwenken, um ein Anbrennen zu vermeiden, bis der Zucker goldbraun wird.
b) Gießen Sie den Karamellsirup so schnell wie möglich in eine flache Auflaufform (20 x 20 cm) oder einen Kuchenteller. Abkühlen lassen, bis es hart ist.
c) Heizen Sie den Ofen auf 325 Grad Fahrenheit vor.
d) Entweder das Eigelb oder die ganzen Eier verquirlen. Milch, Vanilleextrakt und den restlichen Zucker unterrühren, bis alles gut vermischt ist.
e) Den abgekühlten Karamell darüber gießen.
f) Stellen Sie die Auflaufform in ein heißes Wasserbad. 1–112 Stunden backen, oder bis die Mitte fest ist. Cool, cool, cool.
g) Zum Servieren vorsichtig auf einen Servierteller stürzen.

74. Italienische gebackene Pfirsiche

ZUTATEN:
- 6 Reife Pfirsiche
- ⅓ Tasse Zucker
- 1 Tasse Gemahlene Mandeln
- 1 Eigelb
- ½ Teelöffel Mandel Extrakt
- 4 Esslöffel Butter
- ¼ Tasse Gehobelte Mandeln
- Sahne , optional

ANWEISUNGEN:
a) Heizen Sie den Ofen auf 350 Grad Fahrenheit vor. Pfirsiche sollten abgespült, halbiert und entkernt werden. In einer Küchenmaschine zwei der Pfirsichhälften pürieren.
b) In einer Rührschüssel Püree, Zucker, gemahlene Mandeln, Eigelb und Mandelextrakt vermischen. Um eine glatte Paste zu erhalten, alle Zutaten in einer Rührschüssel vermischen.
c) Gießen Sie die Füllung über jede Pfirsichhälfte und legen Sie die gefüllten Pfirsichhälften auf ein gebuttertes Backblech.
d) Mit gehobelten Mandeln bestreuen und die restliche Butter über die Pfirsiche streichen, bevor sie 45 Minuten lang gebacken werden.
e) Heiß oder kalt servieren, mit einer Beilage Sahne oder Eis.

75. Tiramisu Pots de Creme

ZUTATEN:

- 2 Tassen Puderzucker
- 12 Eigelb
- 2 Vanilleschoten, gespalten, Mark ausgekratzt
- 1,2 l reine Sahne plus eine zusätzliche ¼ Tasse
- 2 Esslöffel Instantkaffeegranulat
- 50 g ungesalzene Butter, gehackt
- 4 Biskuitkekse, zerkrümelt
- 2 Esslöffel Frangelico
- 1 Esslöffel fein gehackte Haselnüsse
- 400g Mascarpone guter Qualität
- 1 Teelöffel Vanilleextrakt
- Hochwertiges Kakaopulver zum Bestäuben

ANWEISUNGEN:

a) Den Backofen auf 140°C vorheizen.
b) Zucker und Eigelb in einer Schüssel schaumig schlagen.
c) Vanilleschoten und -samen zusammen mit der Sahne und dem Kaffee in einen großen Topf geben und unter Rühren knapp zum Kochen bringen, um den Kaffee aufzulösen. Die Eimischung langsam unter ständigem Rühren darübergießen, bis alles gut vermischt ist.
d) Geben Sie die Eiermischung zurück in die gereinigte Pfanne und erhitzen Sie sie bei mittlerer Hitze.
e) Unter ständigem Rühren 6–8 Minuten kochen lassen oder bis die Eimischung eingedickt ist und die Rückseite des Löffels bedeckt. Auf acht ofenfeste ¾-Tassenformen verteilen und in eine große Bratpfanne stellen. Fügen Sie so viel kochendes Wasser hinzu, dass es bis zur Hälfte des Pfannenrands reicht.
f) Decken Sie die Form mit Folie ab und stellen Sie sie vorsichtig in den Ofen. 30 Minuten lang backen, bis der Teig gerade fest ist und leicht in der Mitte wackelt. Auf Raumtemperatur abkühlen lassen, dann 2 Stunden lang oder bis es fest ist kalt stellen.
g) Zum Servieren die Butter in einer Pfanne 2-3 Minuten lang schmelzen, bis sie nussig braun ist. Löffelbiskuits hinzufügen und unter Rühren 3-4 Minuten kochen, bis sie geröstet sind. Frangelico und Haselnüsse dazugeben und verrühren. Cool. Mascarpone, Vanille und Sahne in einer Schüssel vorsichtig verrühren.
h) Geben Sie einen Klecks Mascarpone-Mischung auf die Vanillesoße. Zum Servieren mit Löffelbiskuitsbröseln und Kakao bestreuen.

76. Tiramisu Cupcakes

ZUTATEN:
CUPCAKES
- 6 Esslöffel gesalzene Butter, Zimmertemperatur
- ¾ Tassen Zucker
- 2 Teelöffel Vanilleextrakt
- 6 Esslöffel Sauerrahm
- 3 Eiweiß
- 1¼ Tassen Allzweckmehl
- 2 Teelöffel Backpulver
- 6 Esslöffel Milch
- 2 Esslöffel Wasser

TIRAMISU-FÜLLUNG
- 2 Eigelb
- 6 Esslöffel Zucker
- ½ Tasse Mascarpone-Käse
- ½ Tasse schwere Schlagsahne
- 2½ Esslöffel warmes Wasser
- 1 Esslöffel Instant-Espresso-Kaffeegranulat
- ¼ Tasse Kahlua

ANWEISUNGEN:
MACHEN SIE DIE CUPCAKES

a) Heizen Sie den Ofen auf 350 Grad vor und bereiten Sie eine Cupcake-Form mit Cupcake-Förmchen vor.
b) Butter und Zucker etwa 2–3 Minuten lang schaumig schlagen, bis die Masse hell und schaumig ist.
c) Vanilleextrakt und Sauerrahm hinzufügen und gut verrühren.
d) Fügen Sie das Eiweiß in zwei Portionen hinzu und verrühren Sie es, bis alles gut vermischt ist.
e) Kombinieren Sie die trockenen Zutaten in einer anderen Schüssel und vermischen Sie dann Milch und Wasser in einer anderen Schüssel.
f) Die Hälfte der trockenen Zutaten zum Teig geben und gut verrühren. Die Milchmischung dazugeben und verrühren, bis alles gut vermischt ist. Die restlichen trockenen Zutaten hinzufügen und vermischen, bis alles gut vermischt ist.

g) Füllen Sie die Cupcake-Förmchen etwa zur Hälfte. 15–17 Minuten lang backen, oder bis ein Zahnstocher ein paar Krümel enthält.
h) Nehmen Sie die Cupcakes aus dem Ofen und lassen Sie sie 2–3 Minuten abkühlen. Stellen Sie sie dann zum Abkühlen auf ein Kühlregal.

Machen Sie die Füllung und füllen Sie die Cupcakes
a) Während die Cupcakes abkühlen, bereiten Sie die Füllung vor. Eigelb und Zucker auf einem Wasserbad über kochendem Wasser vermischen. Wenn Sie keinen Wasserbad haben, können Sie eine Rührschüssel aus Metall verwenden, die über einem Topf mit kochendem Wasser steht.
b) Bei niedriger Hitze und ständigem Rühren etwa 6–8 Minuten kochen lassen oder bis die Mischung eine helle Farbe hat und sich der Zucker aufgelöst hat. Wenn die Mischung zu dick wird und eine dunklere Gelbfärbung annimmt, ist sie verkocht.
c) Wenn Sie fertig sind, schlagen Sie das Eigelb mit einem Mixer auf, bis es eindickt und etwas gelb wird.
d) Mascarpone-Käse unter das geschlagene Eigelb heben.
e) Geben Sie kräftige Schlagsahne in eine andere Rührschüssel und schlagen Sie etwa 5–7 Minuten lang, bis sich steife Spitzen bilden.
f) Schlagsahne unter die Mascarpone-Mischung heben.
g) In einer anderen kleinen Schüssel warmes Wasser, Espresso und Kahlua vermischen.
h) Sobald die Cupcakes abgekühlt sind, schneiden Sie die Mitte aus.
i) Etwa 1 Esslöffel der Espressomischung über die Innenseite der Löcher der Cupcakes träufeln und die Löcher dann mit der Tiramisu-Füllung füllen.

77. Honig - Pudding

ZUTATEN:
- ¼ Tasse Ungesalzene Butter
- 1½ Tasse Milch
- 2 groß Eier; leicht geschlagen
- 6 Scheiben Weißes Landbrot; zerrissen
- ½ Tasse Klar; dünner Honig, plus
- 1 Esslöffel Klar; dünner Honig
- ½ Tasse Heißes Wasser; Plus
- 1 Esslöffel Heißes Wasser
- ¼ Teelöffel Zimt
- ¼ Teelöffel Vanille

ANWEISUNGEN:
a) Heizen Sie den Ofen auf 350 Grad vor und bestreichen Sie mit etwas Butter eine 9-Zoll-Kuchenform aus Glas. Milch und Eier verquirlen, dann die Brotstücke hinzufügen und wenden, damit sie gleichmäßig bedeckt sind.
b) Lassen Sie das Brot 15 bis 20 Minuten einweichen und wenden Sie es dabei ein- oder zweimal. In einer großen beschichteten Pfanne die restliche Butter bei mittlerer Hitze erhitzen.
c) Das eingeweichte Brot in der Butter goldbraun braten, etwa 2 bis 3 Minuten auf jeder Seite. Übertragen Sie das Brot in die Auflaufform.
d) In einer Schüssel den Honig und das heiße Wasser vermischen und verrühren, bis die Mischung gleichmäßig vermischt ist.
e) Zimt und Vanille hinzufügen und die Mischung über und um das Brot träufeln.
f) Etwa 30 Minuten lang backen oder bis es goldbraun ist.

78. Gefrorener Honig-Semifreddo

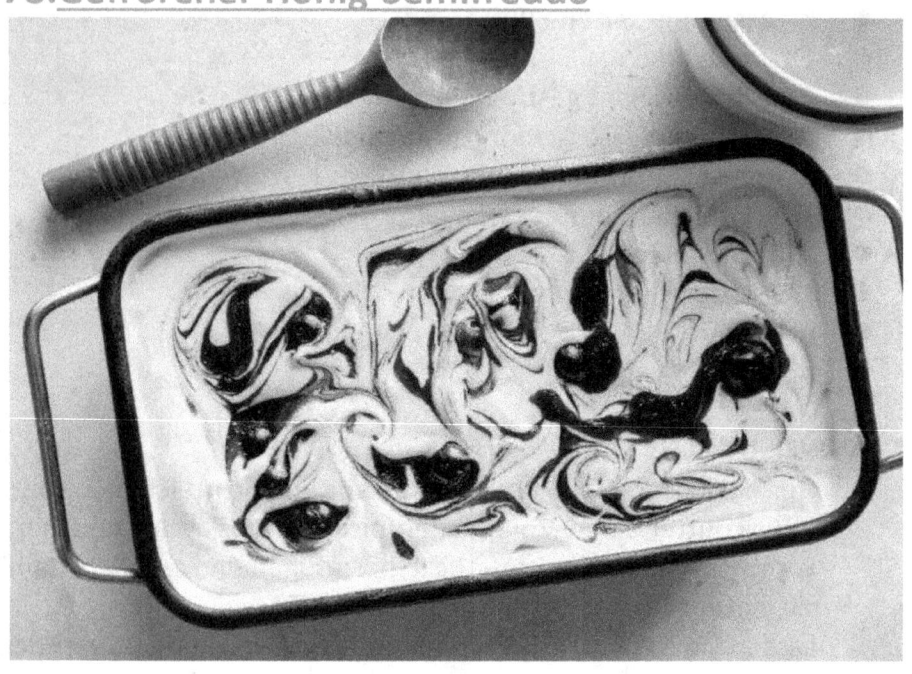

ZUTATEN:
- 8 Unzen Sahne
- 1 Teelöffel Vanilleextrakt
- ¼ Teelöffel Rosenwasser
- 4 große Eier
- 4 ½ Unzen Honig
- ¼ Teelöffel plus ⅛ Teelöffel koscheres Salz
- Toppings wie geschnittenes Obst, geröstete Nüsse, Kakaonibs oder geraspelte Schokolade

ANWEISUNGEN:
a) Ofen auf 350°F vorheizen. Eine 9 x 5 Zoll große Kastenform mit Frischhaltefolie oder Backpapier auslegen.
b) Für das Semifreddo Sahne, Vanille und Rosenwasser in der Schüssel einer Küchenmaschine mit Schneebesen steif schlagen.
c) In eine separate Schüssel oder einen separaten Teller umfüllen, abdecken und bis zur Verwendung kalt stellen.
d) In der Schüssel einer Küchenmaschine Eier, Honig und Salz verquirlen. Zum Mischen alles mit einem flexiblen Spatel verrühren.
e) In einem Edelstahlbecken etwa 10 Minuten kochen, dabei regelmäßig mit einem flexiblen Spatel schwenken und abschaben, bis es auf 165 °F erwärmt ist.
f) Übertragen Sie die Mischung in einen Standmixer mit Schneebesenaufsatz, sobald sie 165 °F erreicht hat. Die Eier auf höchster Stufe schaumig schlagen.
g) Die Hälfte der vorbereiteten Schlagsahne vorsichtig mit der Hand unterrühren.
h) Die restlichen Zutaten hinzufügen, schnell verquirlen und dann mit einem flexiblen Spatel unterheben, bis alles gut vermischt ist.
i) In die vorbereitete Kastenform kratzen, fest abdecken und 8 Stunden lang einfrieren, oder bis die Masse fest genug zum Schneiden ist oder bis die Innentemperatur 0 °F erreicht.
j) Drehen Sie das Semifreddo zum Servieren auf eine abgekühlte Schüssel.

79. Zabaglione

ZUTATEN:
- 4 Eigelb
- ¼ Tasse Zucker
- ½ Tasse Marsala Dry oder anderer trockener Weißwein
- ein paar Zweige frische Minze

ANWEISUNGEN:

a) In einer hitzebeständigen Schüssel Eigelb und Zucker verrühren, bis die Masse hellgelb und glänzend ist. Anschließend sollte der Marsala untergerührt werden.

b) Bringen Sie einen mittelgroßen Topf, der zur Hälfte mit Wasser gefüllt ist, zum Kochen. Beginnen Sie mit dem Schlagen der Ei-Wein-Mischung in der hitzebeständigen Schüssel oben auf dem Topf.

c) 10 Minuten lang mit elektrischen Rührgeräten (oder einem Schneebesen) über heißem Wasser weiter schlagen.

d) Verwenden Sie ein sofort ablesbares Thermometer, um sicherzustellen, dass die Mischung während der Garzeit 160 °F erreicht.

e) Vom Herd nehmen und Zabaglione über die vorbereiteten Früchte schöpfen und mit frischen Minzblättern garnieren.

f) Zabaglione ist gleichermaßen lecker, serviert auf Eis oder pur.

80.Affogato

ZUTATEN:
- 1 Kugel Vanilleeis
- 1 Schuss Espresso
- Ein Schuss Schokoladensauce, optional

ANWEISUNGEN:
a) In ein Glas eine Kugel Vanilleeis und 1 Schuss Espresso geben.
b) Aufschlag !

81. Haferflocken-Zimt-Eis

ZUTATEN:
- Leere Eiscremebasis
- 1 Tasse Hafer
- 1 Esslöffel gemahlener Zimt

ANWEISUNGEN:
a) Bereiten Sie die Rohlingsbasis gemäß den Anweisungen vor.
b) In einer kleinen Pfanne bei mittlerer Hitze Haferflocken und Zimt vermischen. Unter regelmäßigem Rühren 10 Minuten lang rösten, bis es braun und aromatisch ist.
c) Zum Aufgießen den gerösteten Zimt und die Haferflocken zum Boden geben, sobald sie vom Herd kommen, und etwa 30 Minuten ziehen lassen. Verwenden Sie ein Sieb über einer Schüssel. Die Feststoffe abseihen und durchdrücken, um sicherzustellen, dass möglichst viel von der aromatisierten Sahne erhalten wird. Es kann sein, dass etwas Haferflockenbrei durchkommt, aber das ist in Ordnung – es ist köstlich! Reservieren Sie die Haferflockenfeststoffe für das Haferflockenrezept!
d) Durch die Absorption geht ein Teil der Mischung verloren, sodass die Zutaten für dieses Eis etwas geringer ausfallen als gewöhnlich.
e) Bewahren Sie die Mischung über Nacht in Ihrem Kühlschrank auf. Wenn Sie bereit sind, das Eis zuzubereiten, mixen Sie es erneut mit einem Stabmixer, bis es glatt und cremig ist.
f) In eine Eismaschine füllen und gemäß den Anweisungen des Herstellers einfrieren. In einem luftdichten Behälter aufbewahren und über Nacht einfrieren.

82. Doppeltes Schokoladengelato

ZUTATEN:
- ½ Tasse Sahne
- 2 Tassen Milch
- ¾ Tasse Zucker
- ¼ Teelöffel Salz
- 7 Unzen hochwertige dunkle Schokolade
- 1 Teelöffel Vanilleextrakt
- Kokosbutter

ANWEISUNGEN:
a) Der erste Schritt besteht darin, die Schokolade zu schmelzen und dann etwas abzukühlen. Milch, Sahne und Butter in eine Schüssel geben und gut verrühren.
b) Den Zucker mit einem Schneebesen und Salz unterrühren. Rühren Sie etwa 4 Minuten lang weiter, bis sich Zucker und Salz aufgelöst haben. Dann den Vanilleextrakt untermischen.
c) Zum Schluss die Schokolade untermischen, bis alles gut vermischt ist. Geben Sie die Zutaten in Ihre Eismaschine und lassen Sie sie 25 Minuten lang rühren.
d) Geben Sie das Gelato in einen luftdichten Behälter und stellen Sie es für bis zu 2 Stunden in den Gefrierschrank, bis die gewünschte Konsistenz erreicht ist.

83. Kirsch-Erdbeer-Gelato

ZUTATEN:
- ½ Tasse Sahne
- 2 Tassen Milch
- ¾ Tasse Zucker
- Kokosbutter
- 1 Tasse geschnittene Erdbeeren
- 1 Esslöffel Vanilleextrakt

ANWEISUNGEN:
a) Die Erdbeere mit einem Mixer gründlich pürieren. Milch, Sahne und Butter in eine Schüssel geben und gut verrühren. Den Zucker mit einem Schneebesen unterrühren.
b) Etwa 4 Minuten lang weiterrühren, bis sich der Zucker aufgelöst hat. Anschließend Vanilleextrakt und Erdbeerpüree untermischen.
c) Geben Sie die Zutaten in Ihre Eismaschine und lassen Sie sie 25 Minuten lang rühren.
d) Geben Sie das Gelato in einen luftdichten Behälter und stellen Sie es für bis zu 2 Stunden in den Gefrierschrank, bis die gewünschte Konsistenz erreicht ist.

84. Butterige Croissant-Schichten mit Prosciutto

ZUTATEN:
- 3 Esslöffel gesalzene Butter, in dünne Scheiben geschnitten, plus etwas mehr zum Einfetten
- 6 Croissants, grob in Drittel gerissen
- 8 große Eier
- 3 Tassen Vollmilch
- 1 Esslöffel Dijon-Senf
- 1 Esslöffel gehackter frischer Salbei
- ¼ Teelöffel frisch geriebene Muskatnuss
- Koscheres Salz und frisch gemahlener Pfeffer
- 12 Unzen gefrorener Spinat, aufgetaut und trockengedrückt
- 1½ Tassen geriebener Gouda-Käse
- 1½ Tassen geriebener Gruyère-Käse
- 3 Unzen dünn geschnittener Schinken, zerrissen

ANWEISUNGEN:

a) Heizen Sie den Ofen auf 350 °F vor. Eine 9 × 13 Zoll große Auflaufform einfetten.

b) Ordnen Sie die Croissants auf dem Boden der Auflaufform an und bedecken Sie sie mit der in Scheiben geschnittenen Butter. 5 bis 8 Minuten backen, bis es leicht geröstet ist. Herausnehmen und in der Pfanne abkühlen lassen, bis es sich nicht mehr heiß anfühlt (ca. 10 Minuten).

c) In einer mittelgroßen Schüssel Eier, Milch, Senf, Salbei, Muskatnuss sowie eine Prise Salz und Pfeffer verquirlen. Den Spinat und eine ¾ Tasse von jedem Käse unterrühren. Gießen Sie die Mischung vorsichtig über die gerösteten Croissants und verteilen Sie sie gleichmäßig. Mit dem restlichen Käse belegen und zum Schluss den Prosciutto dazugeben. Abdecken und mindestens 30 Minuten oder über Nacht im Kühlschrank lagern.

d) Wenn Sie zum Backen bereit sind, nehmen Sie die Schichten aus dem Kühlschrank und heizen Sie den Ofen auf 350 °F vor.

e) Backen, bis die Mitte der Schichten fest ist, etwa 45 Minuten. Wenn die Croissants anfangen zu bräunen, bevor die Schichten fertig gebacken sind, decken Sie sie mit Folie ab und backen Sie weiter.

f) Die Schichten aus dem Ofen nehmen und vor dem Servieren 5 Minuten abkühlen lassen.

85. Balsamico-Pfirsich-Brie-Tarte

ZUTATEN:
- 1 Blatt gefrorener Blätterteig, aufgetaut
- ⅓ Tasse Zitronen-Basilikum-Pesto
- 1 (8 Unzen) Laib Brie-Käse, mit der Schale versehen und in Scheiben geschnitten
- 2 reife Pfirsiche, in dünne Scheiben geschnitten
- Natives Olivenöl extra
- Koscheres Salz und frisch gemahlener Pfeffer
- 3 Unzen dünn geschnittener Schinken, zerrissen
- ¼ Tasse Balsamico-Essig
- 2 bis 3 Esslöffel Honig
- Frische Basilikumblätter zum Servieren

ANWEISUNGEN:
a) Heizen Sie den Ofen auf 425 °F vor. Ein umrandetes Backblech mit Backpapier auslegen.
b) Rollen Sie den Blätterteig vorsichtig auf einer sauberen Arbeitsfläche auf eine Dicke von 0,5 cm aus und legen Sie ihn auf das vorbereitete Backblech. Stechen Sie den Teig rundherum mit einer Gabel ein und verteilen Sie dann das Pesto gleichmäßig auf dem Teig, sodass ein Rand von ½ Zoll frei bleibt.
c) Brie und Pfirsiche auf dem Pesto anrichten und leicht mit Olivenöl beträufeln. Mit Salz und Pfeffer würzen und mit dem Prosciutto belegen.
d) Die Teigränder mit Pfeffer bestreuen.
e) 25 bis 30 Minuten backen, bis der Teig goldbraun und der Prosciutto knusprig ist.
f) In der Zwischenzeit in einer kleinen Schüssel Essig und Honig verrühren.
g) Die Tarte aus dem Ofen nehmen, mit Basilikumblättern belegen und mit der Honigmischung beträufeln. In Stücke schneiden und warm servieren.

86.Zwiebel-Prosciutto-Tarte

ZUTATEN:
- ½ Pfund Blätterteig
- 4 große Zwiebeln; gehackt
- 3 Unzen Prosciutto; gewürfelt
- ½ Teelöffel Thymian
- ½ Teelöffel Rosmarin
- 2 Esslöffel Olivenöl
- 12 große schwarze Oliven in Öl; entkernt
- Frisch gemahlener schwarzer Pfeffer
- Bei Bedarf salzen
- 1 Ei

ANWEISUNGEN:

a) Zwiebeln in Öl mit Kräutern anbraten, bis die Zwiebeln glasig sind. Prosciutto hinzufügen und 3 Minuten kochen lassen. Mit Pfeffer würzen und salzen. Kühlen.

b) Rollen Sie den Teig zu einem Rechteck von 11 x 9 Zoll aus. Schneiden Sie 4 Teigstreifen aus, um die Ränder zu bilden, und drücken Sie sie an die Ränder des Rechtecks.

c) Auf ein Backblech legen und die Ränder mit geschlagenem Ei bestreichen. ½ Stunde kalt stellen. Den Ofen auf 425 °C vorheizen. Die Zwiebelmischung auf dem vorbereiteten Teig verteilen. 30 Minuten backen.

d) Reduzieren Sie die Hitze auf 300 °C, dekorieren Sie die Torte mit geschnittenen Oliven und backen Sie weitere 15 Minuten weiter.

87. Prosciutto-Oliven-Tomatenbrot

ZUTATEN:
- 1 Pfund Laib, 1 1/2 Pfund Laib
- 1 Tasse Wasser
- 2 Esslöffel Pflanzenöl
- ⅓ Tasse reife Tomate
- ⅓ Tasse Oliven, entkernte Alfonse-Oliven oder andere in Wein eingelegte Oliven
- ⅓ Tasse Schinken, zerkleinert
- 2 Teelöffel Zucker
- ½ Teelöffel Salbei
- 1 Teelöffel Salz
- ⅓ Tasse Roggenmehl
- 1½ Tasse Vollkornmehl
- 1½ Tasse Brotmehl
- 1½ Teelöffel Hefe

ANWEISUNGEN:
a) Nach den Anweisungen des Herstellers backen.

88. Prosciutto-Orangen-Popovers

ZUTATEN:
- 1 Tasse Mehl
- ¼ Teelöffel Salz
- 1 Tasse Milch
- 2 Eier; leicht geschlagen
- 1 Esslöffel geschmolzene Margarine
- 2 Scheiben Prosciutto; von überschüssigem Fett befreit; fein gehackt
- 1 große Orange; fein abgeriebene Schale davon

ANWEISUNGEN:
a) Stellen Sie die Pfanne in den Ofen und heizen Sie sie auf 450 Grad vor. Nehmen Sie die Pfanne aus dem Ofen, sobald sie heiß ist.
b) Mehl und Salz verrühren. Milch, Eier und geschmolzene Margarine unterrühren, bis eine glatte Masse entsteht. Nicht übertreiben. Prosciutto und Orangenschale unterrühren.
c) Den Teig in die heiße Pfanne füllen und im vorgeheizten Backofen 15 Minuten backen. Drehen Sie die Hitze auf 350 Grad und backen Sie 15 bis 20 Minuten lang weiter, bis es aufgebläht und gebräunt ist. Öffnen Sie während der Backzeit niemals die Ofentür, da sonst die Luft aus den Popovers abfließt.
d) Aus dem Ofen nehmen und mit einem Messer um jeden Popover herumfahren.
e) Aus der Pfanne nehmen und jeweils mit einem Messer einstechen.

89. Kandierter Prosciutto

ZUTATEN:
- 3 Tassen Zucker
- 1 1/2 Tassen Prosciutto di Parma-Scheiben, gehackt

ANWEISUNGEN:
a) Zucker in einem mittelgroßen Topf langsam schmelzen, Prosciutto dazugeben und 3 Minuten verrühren.
b) Verteilen Sie die Mischung auf einem Backblech mit Wachs oder Pergamentpapier.
c) Abkühlen lassen und zerbröseln.

90. Mozzarella-Prosciutto-Kartoffelkuchen

ZUTATEN:
- Mozzarella-Prosciutto-Kartoffelkuchen
- 1/2 Tasse (35 g) frische Semmelbrösel
- 900 Gramm Kartoffeln, geschält
- 1/2 Tasse (125 ml) heiße Milch
- 60 Gramm Butter, in Würfel geschnitten
- 2/3 Tasse (50 g) geriebener Parmesan
- 2 Eier
- 1 Eigelb
- 1 Tasse (100 g) geriebener Mozzarella
- 100 Gramm Prosciutto, gewürfelt
- Baby-Rakete, zum Servieren

ANWEISUNGEN:
g) Backofen auf sehr heiße 200 °C (180 °C Umluft) vorheizen.
h) Eine 20-cm-Springform mit Butter einfetten; Den Boden mit einem Drittel der Semmelbrösel bestreuen.
i) Kartoffeln in einem Topf mit kochendem Salzwasser 15 Minuten kochen, bis sie weich sind. Abfluss; 1 Minute zurück in die Pfanne geben, bis es trocken ist.
j) Kartoffeln zerstampfen, Milch und die Hälfte der Butter hinzufügen. Parmesan, Ei und Eigelb unterrühren; Jahreszeit.
k) Die vorbereitete Form mit der Hälfte der Kartoffelmischung bestreichen. Mit Mozzarella und Prosciutto bedecken; Mit der restlichen Kartoffelmischung belegen. Mit der restlichen Butter beträufeln; Mit restlichen Semmelbröseln bestreuen.
l) 30 Minuten backen, bis es goldbraun und warm ist; Kuchen 10 Minuten stehen lassen. In Scheiben schneiden und mit Rucola servieren.

91.Grüne Erbsen-Panna Cotta mit Prosciutto

ZUTATEN:
GRÜNE ERBSEN-PANNA COTTA:
- Kochspray aus Raps oder einem anderen neutralen Öl
- 1 EL. Agar-Agar-Flocken
- 1 kleine Selleriestange, in Stücke geschnitten
- 2" Zweig frischer Rosmarin
- 1 Lorbeerblatt
- 1/2 TL. ganze schwarze Pfefferkörner
- 1/4 TL. ganze Pimentbeeren
- 2 Zweige glatte italienische Petersilie
- Speisesalz, nach Geschmack
- 2 Tassen grüne Erbsen
- 1/4 c. Schlagsahne
- 2 Esslöffel Briekäse
- Cayennepfeffer nach Geschmack
- Pfeffer, nach Geschmack
- Mikrogrün oder Selleriegrün zum Garnieren

SCHINKEN-CHIPS:
- 4 dünne Scheiben Prosciutto de Parma

GRÜNE ERBSEN-PANNA COTTA:
a) Heizen Sie den Ofen mit einem Rost in der Mitte auf 200 °C (400 °F) vor. Ein umrandetes Backblech mit Folie auslegen. Bestreichen Sie die Förmchen einer Mini-Muffinform mit 12 Tassen leicht mit Kochspray und stellen Sie sie beiseite.
b) Kombinieren Sie 1-3/4 Tassen Wasser, Agar-Agar, Sellerie, Rosmarin, Lorbeerblatt, Pfefferkörner, Pimentbeeren, Petersilie und 1/4 Teelöffel Speisesalz in einem kleinen Topf. Bei starker Hitze köcheln lassen, dabei gelegentlich den Boden der Pfanne abkratzen und dann die Hitze auf eine niedrige Stufe reduzieren. Kratzen Sie weiterhin gelegentlich den Boden der Pfanne ab, da sich das Agar-Agar gerne absetzt, bis es aufgelöst zu sein scheint (ca. 6–8 Minuten).
c) Erbsen in einen Mixer geben und pürieren. Die Agar-Agar-Brühe durch ein feinmaschiges Sieb in den Mixer abseihen. Fügen Sie

Sahne, Brie, ein oder zwei Prisen Cayennepfeffer und zusätzliches Wasser hinzu, um die Menge auf knapp über 2 Tassen zu bringen.

d) Pürieren Sie alles, bis es glatt ist, und kratzen Sie dabei nach Bedarf an den Seiten des Mixers nach unten. Abschmecken und mit Salz, weißem Pfeffer und bei Bedarf zusätzlich Cayennepfeffer abschmecken und kurz verrühren, bis alles vollständig eingearbeitet ist. Verteilen Sie die Mischung gleichmäßig auf die 12 vorbereiteten Muffinförmchen.

e) Klopfen Sie mehrmals auf die Pfanne, um sich zu setzen und eventuell entstandene Luftblasen zu entfernen. Etwa eine Stunde ruhen lassen, damit das Agar-Agar fest wird.

f) Führen Sie beim Servieren ein dünnes Messer um den Rand der Panna Cotta und lassen Sie sie dann herausspringen.

SCHINKEN-CHIPS:

g) Den Ofen auf 250° F vorheizen.

h) Schneiden Sie mit einem 1-Zoll-Rundschneider Kreise aus dem Prosciutto. Auf ein Backblech mit Backpapier legen und 10–15 Minuten knusprig backen. Zum Garnieren aufbewahren.

MONTAGE:

i) Legen Sie die Panna Cotta auf ein Tablett.

j) Legen Sie eine Prosciutto-Scheibe auf die Aioli.

k) Mit Mikrogrün oder Selleriegrün garnieren.

92. Limettengelato mit Chiasamen

ZUTATEN:
- Abgeriebene Schale und Saft von 4 Limetten
- ¾ Tasse Zucker
- Tassen halb und halb
- große Dotter
- 1¼ Tassen Sahne
- ⅔ Tasse Chiasamen

ANWEISUNGEN:
a) In einer Küchenmaschine die Limettenschale und den Zucker etwa fünfmal zerkleinern, um die Öle aus der Schale zu extrahieren. Den Limettenzucker in eine Schüssel geben.
b) Füllen Sie eine große Schüssel teilweise mit Eis und Wasser, stellen Sie eine mittelgroße Schüssel in das Eiswasser und stellen Sie ein feinmaschiges Sieb darüber.
c) In einem Topf ½ Tasse Limettenzucker und die Hälfte davon vermischen. Bei mittlerer Hitze köcheln lassen und umrühren, um den Zucker aufzulösen.
d) In der Zwischenzeit das Eigelb zum restlichen Limettenzucker in die Schüssel geben und verrühren.
e) Etwa die Hälfte der heißen Halb-und-Halb-Mischung nach und nach unter ständigem Rühren in die Eigelbe geben und diese Mischung dann in die Halb-und-Halb-Mischung im Topf schlagen.
f) Unter ständigem Rühren ca. 5 Minuten kochen, bis die Vanillesoße dick genug ist, um die Rückseite des Löffels zu bedecken.
g) Gießen Sie die Vanillesoße durch das Sieb in die vorbereitete Schüssel und rühren Sie, bis sie abgekühlt ist.
h) Limettensaft, Sahne und Chiasamen unterrühren. Nehmen Sie die Schüssel aus dem Eisbad, decken Sie sie ab und stellen Sie sie in den Kühlschrank, bis die Creme kalt ist, mindestens 2 Stunden oder bis zu 4 Stunden.
i) Einfrieren und in einer Eismaschine gemäß den Anweisungen des Herstellers umrühren. Für eine weiche Konsistenz servieren Sie das Eis sofort; Um eine festere Konsistenz zu erhalten, füllen Sie es in einen Behälter, decken Sie es ab und lassen Sie es 2 bis 3 Stunden lang im Gefrierschrank aushärten.

93. Schokoladen-Kirsch-Eistorte

ZUTATEN:
- 1 Tasse (2 Stangen) ungesalzene Butter
- 1 Tasse feinster Zucker
- 1 Teelöffel. reiner Vanilleextrakt
- 4 Eier, geschlagen
- 2 Tassen weniger 1 gehäufter EL. Allzweckmehl
- 1 gehäufter EL. ungesüßtes Kakaopulver
- 1 ½ TL. Backpulver
- 4 Tassen entkernte und gehackte Kirschen
- ½ Tasse Cranberrysaft
- 3 EL. hellbrauner Zucker
- ½ Rezept Luxus-Vanille-Gelato
- 1 Tasse Sahne, leicht geschlagen
- ein paar Kirschen zum Garnieren
- Schokoladenlocken

ANWEISUNGEN:

a) Den Backofen auf 350°F (180°C) vorheizen. Fetten Sie eine 7-Zoll-Springform oder eine tiefe Kuchenform mit losem Boden leicht ein. Butter, Zucker und Vanille verrühren, bis eine helle, cremige Masse entsteht.

b) Die Hälfte der Eier vorsichtig unterrühren, dann nach und nach die trockenen Zutaten abwechselnd mit den restlichen Eiern unterheben, bis alles gut vermischt ist. In die vorbereitete Kuchenform geben, die Oberseite flach drücken und 35 bis 40 Minuten backen, bis es sich gerade fest anfühlt.

c) In der Pfanne abkühlen lassen, dann herausnehmen, in Folie einwickeln und im Kühlschrank aufbewahren, bis es wirklich kalt ist, um das Schneiden zu erleichtern.

d) Die Kirschen mit dem Preiselbeersaft und dem braunen Zucker in einen kleinen Topf geben. Bei mäßiger Hitze kochen, bis es weich ist. Zum Abkühlen beiseite stellen und dann in den Kühlschrank stellen, bis es richtig kalt ist. Bereiten Sie das Vanilleeis zu, bis es eine löffelbare Konsistenz erreicht.

e) Den Kuchen mit einem langen Messer in drei gleichmäßige Schichten schneiden. Legen Sie eine Schicht in die 7-Zoll-Kuchenform und geben Sie die Hälfte der Kirschen und ein Drittel ihres Safts darauf. Mit einer Schicht Gelato und dann mit der zweiten Tortenschicht bedecken. Den Rest der Kirschen hinzufügen, aber nicht den gesamten Saft (mit dem restlichen Saft die Unterseite des dritten Kuchenbodens befeuchten).

f) Mit dem restlichen Gelato und dem letzten Kuchenboden bedecken.

g) Gut andrücken, mit Plastikfolie abdecken und über Nacht einfrieren. (Auf Wunsch kann der Kuchen bis zu 1 Monat im Gefrierschrank aufbewahrt werden.)

94. Schokoladenbombe

ZUTATEN:
- ½ Rezept Bitterschokolade-Gelato
- ½ Tasse Schlagsahne
- 1 kleines Eiweiß
- ⅛ Tasse feinster Zucker
- 4 Unzen. frische Himbeeren, püriert und abgeseiht
- 1 Rezept Himbeersauce

ANWEISUNGEN:

a) Kühlen Sie im Gefrierschrank eine 3 ½ bis 4 Tassen fassende Bombe-Form oder eine Metallschüssel. Bereiten Sie das Gelato vor. Wenn die Konsistenz streichfähig ist, stellen Sie die Form in eine Schüssel mit Eis. Füllen Sie die Innenseite der Form mit Gelato aus und achten Sie darauf, dass eine dicke, gleichmäßige Schicht entsteht. Glätten Sie die Oberseite. Die Form sofort in den Gefrierschrank stellen und einfrieren, bis sie wirklich fest ist.

b) In der Zwischenzeit die Sahne steif schlagen. In einer separaten Schüssel das Eiweiß verquirlen, bis sich weiche Spitzen bilden, dann den Zucker vorsichtig unterrühren, bis es glänzend und steif ist. Schlagsahne, Eiweiß und passierte Himbeeren verrühren und kalt stellen. Wenn das Schokoladeneis richtig fest ist, die Himbeermischung in die Mitte der Bombe geben.

c) Die Oberseite glatt streichen, mit Wachspapier oder Folie abdecken und mindestens 2 Stunden einfrieren.

d) Nehmen Sie die Bombe etwa 20 Minuten vor dem Servieren aus dem Gefrierschrank, stechen Sie einen feinen Spieß durch die Mitte, um die Luftschleuse zu lösen, und fahren Sie mit einem Messer um die innere Oberkante herum. Auf einen gekühlten Teller stürzen und die Pfanne kurz mit einem heißen Tuch auswischen. Drücken oder schütteln Sie die Pfanne ein- oder zweimal, um zu sehen, ob die Bombe herausrutscht. Wenn nicht, wischen Sie es erneut mit einem heißen Tuch ab. Wenn es herausrutscht, müssen Sie möglicherweise die Oberfläche mit einem kleinen Spachtel säubern und dann sofort wieder für mindestens 20 Minuten in den Gefrierschrank stellen, damit es wieder fest wird.

e) In Scheiben geschnitten mit der Himbeersauce servieren. Diese Bombe bleibt in der Pfanne im Gefrierschrank 3 bis 4 Wochen haltbar.

95.Ananas gebackene Alaska

ZUTATEN:
- 1 6 bis 8 oz. Stück gekaufter Ingwerkuchen
- 6 Scheiben reife, geschälte Ananas
- 3 Tassen Tutti-Frutti-Gelato , weich machend
- 3 große Eiweiße
- ¾ Tasse feinster Zucker
- ein paar frische Ananasstücke zum Dekorieren

ANWEISUNGEN:

a) Schneiden Sie den Kuchen in zwei dicke Stücke und legen Sie ihn quadratisch oder kreisförmig auf ein wiederverwendbares Backblech, damit Sie ihn später problemlos auf eine Servierplatte legen können.

b) Schneiden Sie die 6 Ananasscheiben in Dreiecke oder Viertel und legen Sie sie über den Kuchen, um eventuelle Tropfen aufzufangen. Die Ananasstücke auf dem Kuchen anordnen und dann mit dem Gelato belegen. Stellen Sie die Pfanne sofort in den Gefrierschrank, um das Gelato wieder einzufrieren, falls es zu weich geworden ist.

c) In der Zwischenzeit das Eiweiß sehr steif schlagen und dann nach und nach den Zucker unterrühren, bis die Masse steif und glänzend wird.

d) Verteilen Sie die Baisermischung gleichmäßig auf dem Gelato und stellen Sie es wieder in den Gefrierschrank. Bei Bedarf kann dieser für ein paar Tage eingefroren werden.

e) Zum Servieren den Ofen auf 230 °C (450 °F) vorheizen. Stellen Sie die Backform für nur 5 bis 7 Minuten in den heißen Ofen, oder bis sie ganz goldbraun ist.

f) Auf eine Servierplatte geben und sofort servieren, dekoriert mit ein paar frischen Ananasstücken.

96. In Schokolade getauchte Gelato-Pops

ZUTATEN:
- 1 Rezept Luxus-Vanille-Gelato
- 1 Rezept Schokoladensauce
- fein gehackte Nüsse oder Streusel

ANWEISUNGEN:
a) Aus dem Eis Kugeln unterschiedlicher Größe formen. Legen Sie sie sofort auf Wachspapier und frieren Sie sie erneut gründlich ein.
b) Bereiten Sie die Schokoladensauce zu und lassen Sie sie an einem kühlen (nicht kalten) Ort stehen, bis sie abgekühlt ist, aber nicht eindickt.
c) Decken Sie mehrere Backbleche mit Wachspapier ab. Stecken Sie einen Eisstiel in die Mitte einer Kugel Eis und tauchen Sie ihn in die Schokolade, bis er vollständig bedeckt ist. Halten Sie es über die Schüssel mit der Schokolade, bis es nicht mehr tropft, und legen Sie es dann auf das saubere Wachspapier.
d) Nach Belieben mit Nüssen oder bunten Streuseln bestreuen. Legen Sie das Eis in den Gefrierschrank und lassen Sie es mehrere Stunden lang richtig hart werden. Obwohl sie je nach verwendeter Eissorte mehrere Wochen haltbar sind, ist es besser, sie so schnell wie möglich zu essen.
e) Ergibt 6–8 (mehr, wenn Sie einen sehr kleinen Löffel verwenden)

97. Cappuccino-Frappé

ZUTATEN:
- 4 EL. Kaffeelikör
- ½ Rezept Kaffee-Gelato
- 4 EL. Rum
- ½ Tasse Sahne, geschlagen
- 1 EL. ungesüßtes Kakaopulver, gesiebt

ANWEISUNGEN:
a) Den Likör auf den Boden von 6 gefrierfesten Gläsern oder Tassen füllen und gut abkühlen lassen oder einfrieren.
b) Bereiten Sie das Gelato wie angegeben vor, bis es teilweise gefroren ist. Dann den Rum mit einem elektrischen Mixer schaumig schlagen, sofort über den gefrorenen Likör löffeln und erneut einfrieren, bis er fest, aber nicht hart ist.
c) Die geschlagene Sahne über das Gelato spritzen.
d) Großzügig mit Kakaopulver bestreuen und für ein paar Minuten in den Gefrierschrank stellen, bis es absolut servierfertig ist.

98. Pochierte Feigen in gewürztem Rotwein mit Gelato

ZUTATEN:
- 1½ Tasse trockener Rotwein
- 1 Esslöffel Zucker (1-2T), nach Geschmack
- 1 Zimtstange
- 3 ganze Nelken
- 3 ganze frische Feigen, geviertelt
- Als Beilage Vanillegelato
- Nach Belieben Minzzweige zum Garnieren

ANWEISUNGEN:
a) In einem Topf Wein, Zucker, Zimt und Nelken vermischen.
b) Bringen Sie die Flüssigkeit bei mäßig hoher Hitze unter Rühren zum Kochen und lassen Sie die Mischung 5 Minuten lang köcheln. Die Feigen hinzufügen und köcheln lassen, bis die Feigen durchgewärmt sind. Zum Erwärmen abkühlen lassen.
c) Die Gelato-Kugeln in zwei Stielgläsern anrichten und mit den Feigen und etwas Pochierflüssigkeit belegen. Nach Belieben mit Minze garnieren.

99. Pina-Colada-Baiser-Gelato-Kuchen

ZUTATEN:
- ½ Tasse dehydrierte Ananas
- 20 g dunkle (70 %) Schokolade
- 100 g fertiges Baiser
- 1¼ Tassen Sahne
- 2-4 EL Malibu-Kokos-Rum
- Zum Garnieren frische Minze oder geröstete Kokosraspeln

ANWEISUNGEN:
a) Eine 13 x 23 cm große Kastenform mit Frischhaltefolie auslegen. Stellen Sie sicher, dass an den Seiten mehrere Zentimeter Kunststoff überstehen.

b) Die Ananas so hacken, dass kein Stück größer als eine Rosine ist. Machen Sie dasselbe mit der Schokolade.

c) Das Baiser zu Streuseln zerkleinern. Versuchen Sie, dies schnell zu tun, da das Baiser Feuchtigkeit aus der Luft aufnimmt und klebrig wird.

d) Schlagen Sie die Sahne in einer großen Rührschüssel zu weichen Spitzen auf. Fügen Sie das Malibu hinzu und schlagen Sie es erneut einige Sekunden lang, bis die weichen Spitzen wieder auftreten.

e) Ananas und Schokolade in die Schüssel geben und vorsichtig unter die Sahne heben. Das Baiser hinzufügen und erneut vorsichtig unterheben. Gießen Sie alles in die Kastenform und klopfen Sie ein paar Mal sanft gegen die Arbeitsfläche, damit sich der Inhalt setzt und verteilt. Falten Sie die überstehende Plastikfolie über die Oberseite des Kuchens und wickeln Sie die Form dann in eine weitere Schicht Plastikfolie ein. Den Kuchen über Nacht in den Gefrierschrank stellen.

f) Zum Servieren ziehen Sie den Kuchen mithilfe der überstehenden Plastikfolie aus der Form. In Scheiben schneiden und mit Minzzweigen oder besser noch einer Prise gerösteter Kokosraspeln belegen. Es ist eine weiche Sahnetorte, also sofort verzehren.

100. Erdbeer-Baiser-Gelato-Kuchen

ZUTATEN:
- Italienisches Baiser
- 4 frische Eiweiße
- 1 ½ Tasse weißer Zucker
- ¼ Tasse Wasser
- 1 EL flüssige Glukose oder leichter Maissirup
- Erdbeeren
- 3 Tassen Erdbeeren, gewaschen, getrocknet und geschält
- 1 EL Puderzucker/Puderzucker
- 1 EL weißer Zucker
- Creme
- ¾ Tasse doppelte/starke Sahne

ANWEISUNGEN:

a) Um das italienische Baiser zuzubereiten, geben Sie Zucker, Wasser und Glukose/Maissirup in einen mittelgroßen Topf. Geben Sie die Eier in die (peinlich saubere) Schüssel einer Küchenmaschine.

b) Stellen Sie die Hitze unter dem Topf auf mittlere Stufe ein, bringen Sie die Zuckermischung zum Kochen und schwenken Sie den Topf, um den Zucker zu bewegen, sobald er sich aufgelöst hat.

c) Verwenden Sie ein Zuckerthermometer, um die Temperatur des kochenden Sirups zu überprüfen. Bitte seien Sie vorsichtig mit heißem Zucker! Wenn die Temperatur 100 °C erreicht, stellen Sie den Schneebesen der Küchenmaschine auf höchste Stufe.

d) Wenn der Zucker 116 °C erreicht hat (oder die „weiche Kugel"-Stufe erreicht hat), nehmen Sie den Sirup vom Herd und gießen Sie ihn langsam in das lockere Eiweiß, wobei Sie den Mixer auf mittlerer bis hoher Geschwindigkeit halten.

e) Sobald der gesamte Sirup eingefüllt ist, reduzieren Sie die Geschwindigkeit auf eine niedrige Stufe und lassen Sie den Schneebesen stehen, bis das Eiweiß abgekühlt ist. Dies kann bis zu 30 Minuten dauern.

f) Nehmen Sie währenddessen die Hälfte der Erdbeeren und den Puderzucker und pürieren Sie sie in einer Küchenmaschine, bis eine glatte Masse entsteht. Durch ein Sieb passieren, um alle Kerne zu entfernen, und im Kühlschrank aufbewahren.

g) Nehmen Sie die andere Hälfte der Erdbeeren und schneiden Sie sie in Scheiben. Heben Sie die schönsten Stücke auf, um Ihren Kuchen zu dekorieren, fügen Sie den weißen Zucker zum Rest hinzu und lassen Sie ihn einweichen.

h) Geben Sie die Sahne in eine große Schüssel und schlagen Sie sie auf, bis sie die Konsistenz von Softeis hat (denken Sie an Eisbecher oder Mr. Whippy in Großbritannien).

i) Nehmen Sie eine Kastenform, die mindestens sechs Tassen fasst. Möglicherweise benötigen Sie einen weiteren Behälter, da diese Mischung bis zu zehn Tassen ergeben kann. Befeuchten Sie sie mit etwas Wasser, schütteln Sie den Überschuss ab und legen Sie ihn mit Plastikfolie aus.

j) Legen Sie die reservierten Erdbeerscheiben in einem Muster auf den Boden Ihrer mit Backpapier ausgelegten Kastenform.

k) Nehmen Sie die Sahne und geben Sie sie zusammen mit dem Erdbeerpüree und den geschnittenen Erdbeeren in das Baiser. Alles vorsichtig mit einem Esslöffel vermengen, bis eine gerade gewellte Masse entsteht.

l) Geben Sie die Mischung in die vorbereitete Dose, alles, was übrig bleibt, kann in einen anderen, mit Backpapier ausgelegten Behälter gelöffelt werden. Die Oberseite des Hauptkuchens kann mit einem Spachtel geglättet werden, der darüber gezogen wird, ähnlich wie ein Maurer den Zement auf einer Ziegelwand glättet. Tun Sie dies über dem anderen Behälter, um die überschüssige Mischung aufzufangen.

m) Mit Plastikfolie abdecken und einfrieren, bis es fest ist. Dies dauert mindestens 7–8 Stunden, kann aber über Nacht stehen gelassen werden, damit es vollständig fest wird.

n) 10 Minuten vor dem Servieren aus dem Gefrierschrank nehmen, die Plastikfolie abziehen, auf einen Servierteller legen, die Plastikfolie entfernen und mit einem in heißem Wasser getränkten Brotmesser Scheiben schneiden.

ABSCHLUSS

Zum Abschluss unserer geschmackvollen Reise durch die "Küche venetien" hoffen wir, dass Sie die Magie und Authentizität der venezianischen Küche bequem in Ihrer eigenen Küche erlebt haben. Jedes Rezept auf diesen Seiten ist eine Hommage an den reichen Geschmacksteppich, der die Region Venetien ausmacht – eine Hommage an die vielfältigen kulinarischen Traditionen, die Frische lokaler Zutaten und die Kunstfertigkeit einfacher, aber exquisiter Gerichte.

Egal, ob Sie die Reichhaltigkeit eines Meeresfrüchte-Risottos genossen, die Herzhaftigkeit eines venezianischen Polenta-Gerichts genossen oder sich an der Süße von Tiramisu erfreut haben, wir sind davon überzeugt, dass diese 100 Rezepte Sie in das Herz Nordostitaliens entführt haben. Möge der Geist der venezianischen Küche Sie über die Zutaten und Techniken hinaus inspirieren und Ihren Mahlzeiten die Wärme, Einfachheit und Eleganz verleihen, die diese kulinarische Tradition ausmachen.

Während Sie weiterhin die Welt der venezianischen Aromen erkunden, möge „Küche venetien" Ihr vertrauenswürdiger Begleiter sein und Sie durch die Landschaften, die Märkte und die köstlichen Traditionen führen, die diese Region zu einem wahren gastronomischen Schatz machen. Genießen Sie die einfachen und köstlichen Geschmäcker Nordostitaliens – buon viaggio culinario!

www.ingramcontent.com/pod-product-compliance
Lightning Source LLC
Chambersburg PA
CBHW050147130526
44591CB00033B/1027